学校因课程而变

王瑛琨　著

光明日报出版社

图书在版编目（CIP）数据

学校因课程而变 / 王瑛琨著 . -- 北京 : 光明日报

出版社 ,2024.6

ISBN 978-7-5194-7706-6

Ⅰ . ①学… Ⅱ . ①王… Ⅲ . ①中小学－课程建设－研

究 Ⅳ . ① G632.3

中国国家版本馆 CIP 数据核字 (2023) 第 250270 号

学校因课程而变

XUEXIAO YIN KECHENG ER BIAN

著　　者：王瑛琨	
责任编辑：李月娥	责任校对：鲍鹏飞　慧　眼
责任印制：曹　净	封面设计：于鹏波

出版发行：光明日报出版社

地　　址：北京市西城区永安路 106 号，100050

电　　话：010-63169890（咨询），010-63131930（邮购）

传　　真：010-63131930

网　　址：http://book.gmw.cn

E － mail：gmrbcbs@gmw.cn

法律顾问：北京市兰台律师事务所龚柳方律师

印　　刷：三河市元兴印务有限公司

装　　订：三河市元兴印务有限公司

本书如有破损、缺页、装订错误，请与本社联系调换，电话：010-63131930

开　　本：170mm×240mm		印　张：11	

字　　数：186 千字

版　　次：2024 年 6 月第 1 版

印　　次：2024 年 6 月第 1 次印刷

书　　号：ISBN 978-7-5194-7706-6

定　　价：68.00 元

序 言

　　学校课程，作为学校基于国家与地方课程方案并根据本校学生的培养目标及学校发展的特点所规划、实施的全部教育活动，其建设和优化的成败关系到学校的整体育人质量。课程建设既是人才培养的核心要素，也是教学改革的主要阵地，更是促进学生全面发展的重要载体，是学校教育改革的重要组成部分。

　　一套独特的课程设计是学校教育思想、教育理念的集中体现，也是实现教育目标、支撑办学行为、创建学校特色、提高教师专业化水平、提升学校管理能力的主要平台。随着教育事业的发展和国家对教育发展要求的变高，学校课程建设已成为教育发展的一个重要阶段。

　　"从高处着眼的自上而下的层层设计"这一工程学发展出的"顶层设计"概念，早在30多年前就被跨国公司普遍采纳，作为经营管理的指导方针。通过顶层设计这样一个系统性思考的方法论，可以有效地解决错综复杂的市场问题和企业内部的经营管理难题。顶层设计具有应用性、操作性的突出特点，强调执行力，在执行中注重细节，实施精细化管理和全面质量管理，注重各环节之间的互动与衔接，以便确保整个工程的完成和质量的提升。

　　育人是学校工作的根本任务。学校的课程体系建设本身就是一项系统工程，它包括课程的目标与内容、途径与方法以及管理与评价等。作为一项复杂的系统工程，学校课程体系的建设同样需要进行顶层设计，这是进一步增强学校育人实效性的根本。

　　最近20年，我国的课程改革逐步走向开放，与国际对话。尤其是20世纪和21世纪之交国家新一轮课程改革，明确提出实行三级课程管理，使学校成为课程改革的重要阵地，为教育改革践行"以学生为中心"提供了必要的条件。然而，由于我国长期以来坚守自上而下的国家主导课程开发模式，课程实施采取忠实执行取向，学校课程实施往往忙于埋头拉车，很少抬头看路，课程督导更注重"开齐开足"，强化齐步行走，反而忽视了学校特色的课程顶层设计。

2021年7月24日国务院办公厅印发的《关于进一步减轻义务教育阶段学生作业负担和校外培训负担的意见》中提道："教育部门要指导学校健全教学管理规程，优化教学方式，强化教学管理，提升学生在校学习效率。"

新课改和"双减"文件的提出都是为了适应社会进步和教育发展而实施的改革，着眼建设高质量教育体系，强化学校教育主阵地作用，是构建教育良好生态，有效缓解家长焦虑情绪，促进学生全面发展、健康成长的重要指导思想。学校要提供多元且丰富的课程建设，使其适合学生的成长需要，为学生的终身发展和一生幸福夯实基础。

因此在新的形势下做好学校的课程顶层设计与建设，是当前推进教育改革不容回避的工作重点。深化课改要求，把更多的课程学习选择权交给学生，把更多的课程开发选择权交给教师，把更多的课程设置选择权交给学校，这都需要学校的管理者和教师不断推进与选择。

但怎么选择，却是考验学校办学水平的大问题。一个好的课程顶层设计体系，是保证学生、教师、学校选择权的关键。顶层设计要考虑课改的方向、教育自身发展的规律、学校的历史和发展特点，还需要科学、合理的课程设置。在课程设置中，体现学校自身特点的课程设置和开发，又是重中之重。

正是从学校如何进行课程顶层设计和实践的视角出发，本书力求为学校特色形成与特色课程设计开发提供一套不仅具有实践价值，同样富有理论意义的东西，而这些思考及对已有特色课程设计实践经验的提炼，为学校打造特色化发展之路，为学生个性化发展及创新人才培养提供了理论和实践基础，创新人才必然生长在给予个性化滋养的学校课程环境中。

期望本书能给大家以启示与参考。

目　录

第一章　究竟什么是学校课程的顶层设计

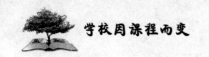

第二章　学校德育课程的顶层设计

第三章　有逻辑地建设学校品质课程

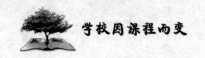
第四章　学校特色课程开发与实践

第一章　究竟什么是学校课程的顶层设计

> 对学校课程设计而言，课程的用户是学生，课程是学生心目中的产品，最适合学生学习的课程就是学生心目中理想的产品。学校课程顶层设计，就要从"高位"规划适合学生发展的课程，这对于教育变革中学生立场的确定，提供适合学生的教育，至关重要。

▶一、学校课程顶层设计什么

顶层设计，源于工程学的概念，数十年前被跨国公司普遍采纳，简而言之，就是用科学的方法对企业未来五年的发展做出系统性的规划。顶层设计强调运用系统论的方法，从全局的角度，对某项任务或者某个项目的各方面、各层次、各要素统筹规划，以便集中有效资源，高效快捷地实现目标。

其主要特征表现为顶层决定性、整体关联性和可操作性。对学校课程设计而言，课程的用户是学生，课程是学生心目中的产品，最适合学生学习的课程就是学生心目中理想的产品。学校课程顶层设计，就要从"高位"规划适合学生发展的课程，这对于教育变革中学生立场的确定，提供适合

1

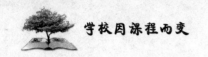

学生的教育，至关重要。

课程改革是一个过程，经由课程设计、课程实施、课程评价、课程反思的循环往复过程，通过国家、地方、学校、教师、学生等课程主体逐层实现，由此形成多层课程管理平台，各层课程管理平台之间彼此联系，相互制约，其中任一层课程管理的缺失或"不配合"，都将影响到课程变革的整体效能。

（一）学校课程顶层设计的缺失及归因

时下，我国中小学真正致力于课程顶层设计的学校占全部学校的比例并不高。大量的学校忙于完成国家课程规定的任务，热衷于开齐开足国家课程。特别是一些农村学校，由于师资、经费等原因，能开齐开足国家课程还是一个梦想。

全球有多少所学校，就应当有多少种课程。唯有如此，课程才是学校的课程，学校课程也才有可能适合学生。有识之士早已指出，中国学校千校一面。除学校建筑、校训有惊人的相似之处以外，最为突出的就是学校课程缺乏个性。学校千千万，课程一个样。

如此，学校教育特色如何彰显？学生个性化发展需求何以满足？公平而有质量的教育梦何以实现？没有课程顶层设计，就没有好的学校课程。学校课程强调顶层设计，可以在国家课程与学生经验课程之间架设一个沟通的桥梁，以更好地实现国家课程在学校层面的适应性转化，从源头上解决学校课程难以适合学生的问题，进而催生学校课程特色。

学校课程顶层设计缺失，原因众多，笔者归结起来，主要有以下三方面原因。

1. 没工夫设计

时下，学校校长都很忙，甚至很累，没有时间关注课程教学。校长将自己的精力主要用于开会、接待，处理安全、沟通等事务，难于静下来，反思学校课程问题，思考课程改进策略。

2. 难以设计

课程顶层设计本身有难度，对校长课程领导力、教师课程领导力有较高要求。校长、教师不仅要具有较强的课程意识、课程开发能力，还要具有课程研究能力，对课程改革的国际趋势有一定程度的了解。此外，顶层设计需要校长、教师一方面站在一定的理论高度看待课程设计，做好课程规划，另一方面要注意学校课程各层级之间的整体关联性、一致性和贯通性，致力于课程结构最优化，发挥最佳课程力量，这就需要校长、教师学习课程理论，具备系统的科学方法论。

3. 不需要设计

执行上级课程计划，开齐开足国家规定课程，这是督导评估对学校课程实施提出的最基本要求。督导是代表政府行使教育监督权，享有法定的话语权。学校如果绝对地执行开齐开足政策，的确没有必要冒风险去违背督导机构的原则性要求。实际上，评估不仅需要授权，而且需要专业的判断和专业的眼光。课程实施至少有三种取向，即忠实执行、相互调适、创生取向。绝对意义上的忠实执行难以做到，因为没有完全相同的两所学校。面对同一课程计划，不同学校必然有不同程度的调整。因此，对学校课程实施而言，普遍的取向是相互调适，从此意义上讲，绝对的开齐开足学校也未必可以做到。更何况，如果把学生当作课程的用户，学生满意的课程才是真正的好课程。所以，学校课程实施不应该追求开齐开足，而是应该追求"开好"。开好的标准是，让课程适合每一位学生的发展。

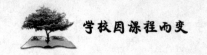
（二）驾驭学校课程顶层设计的"三驾马车"

1.学校课程愿景规划

学校是课程管理的核心层级。教育专家布罗菲（Brophy）（1982）提出七个课程层级——政府层面官方正式课程、学校对正式课程的解释、学校采用的正式课程、教师对学校课程的解释、教师预定采用的课程、教师实际教学所实施的课程、学生经验的课程，并认为课程层级之间可能出现断裂。除政府层级课程之外，其余六个层级都包含在学校层面。

在学校层面，学校对正式课程的解释、学校采用的正式课程对教师解释、采用和实施的课程以及对学生经验的课程产生影响，这种影响发生在学校课程的顶层，不仅不容忽视，而且需要准确定位，否则，将从高位影响到教师与学生层面的课程。学校对正式课程的解释、学校采用的正式课程，与学校发展愿景规划密切相关，学校发展愿景制约学校对正式课程的解释和采用，而学校对正式课程的解释和采用则是学校课程愿景的具体体现。学校课程愿景设计，需要考虑学校培养目标、课程核心素养和办学定位。

（1）确立培养目标。即把学生培养成什么样的人？

这是一个极其复杂的问题，既涉及国家的教育方针、政策、法规，也涉及地方政府的教育要求、地方社会对人才培养的期望，还关系到学校教育的历史与现实性。但是，学校课程顶层设计首先要回答这个问题，因为课程因为人的培养而存在。如果把培养目标定位为"创新进取向上""做最好的自己""现代小公民"，学校课程设计就以此为指针，设计课程发展思路、结构和实施体系。如果培养目标缺失，学校课程设计就无从下手。

作者所任职的北京芳星园中学始建于1989年，地处丰台方庄地区，是一所公办初级中学。学校曾获北京市学校文化示范校和首都文明校园、全国德育先进校等称号。学校始终坚持合作、虚心、自主、创新的文化基因。

作为学校的管理者，在进行学校课程顶层设计之初，就先回答了学校要培养什么样的人这个问题。

在建校初期，学校前辈们种下几棵小翠竹，至今30余载。伴随着30多届毕业生已成长为茂密的"竹林"，成为校园里最多的植物和师生们最喜爱的竹园。

竹子，自古为中华传统文化中君子的象征，它的品格为文人墨客所歌咏。竹，彰显气节，虽不粗壮，却正直，坚韧挺拔；不惧严寒酷暑，万古长青。竹是君子的化身，是"四君子"之一。从古至今，竹子被誉为虚心有气节的"君子"。它生命力顽强，团队感极强，种下一棵便能自发生成一丛，形成竹林。竹子的身躯非常有韧性，不易折断，在风暴雨雪捶打后，很快就能恢复挺拔。

据此，学校在传承中华优秀传统文化精神基础上，继承前辈创校优秀文化，以"清雅似竹，谦虚若竹，至纯至正，至真至善"为校训表达新时代竹君子的核心素养。希望师生的品行、气质如竹般高雅、虚心、坚韧。善于合作，勇于追求真理，永远保持创新进取向上精神，做最好的自己。以培育具有竹君子品格的五优中学生，即"优秀的品德、优良的学业、优美的形体、优雅的气质、优异的技能"为具体培养目标，全面推进育人工作。

（2）拟定课程核心素养。学校所培养的人应该具备哪些核心素养？

这是我们必须回答的问题。否则，培养目标仍然只是一个抽象的词汇，不具有操作性。如果把课程核心素养界定为"基础扎实、特长突出、沟通理解、健康阳光"，培养目标就有了实质性内涵。学校层面课程核心素养界定需要参考国家课程改革的相关规定，如强调学生基础知识、基本能力和基本素养，同时借鉴国际课程研发组织对于课程核心素养的描述，如强调"与异质人群有效沟通"，进一步结合地方社会对人才培养的要求、学

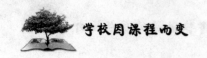
校自身对人才培养规格的思考，经由系统思考，确定恰当的课程核心素养。

（3）确定办学定位。办什么样的学校？

这影响培养什么样的人。有一些学校将办学定位置于培养目标之上位，这可能有些本末倒置，毕竟"办什么样的学校"说到底也是为了"培养什么样的人"服务，而不是为了办什么样的学校而培养什么样的人。例如，培养目标之一"与异质人群有效沟通"的"现代少年"，办学定位触及"国际化""现代化"。至于"中国一流"等办学定位，则很难体现培养目标与课程核心素养的具体性。当然，办学定位还需要进一步结合学校办学历史、特色，结合地方社会对学校教育的期望和学校教育哲学，兼顾地方文化环境诸多要素，同样需要系统思考。

2.学校课程结构优化

结构，强调要素及其相互关系。结构决定功能。

学校课程结构是指学校课程各有机组成部分及其相互关系，直接决定着学校课程的整体力量。从某种意义上讲，课程结构是学校课程的"心脏"，是学校发展方向的进一步具体体现。现实中，目前学校的课程结构大多直接沿用国家课程结构，缺乏自身独特的价值追求，没有反映学校自身的现实及愿景。因此，学校课程结构缺乏个性，千校一面。这样的课程结构很难满足学生发展的需求，也难以适应教师的教学。

（1）反映学校课程愿景，实现国家课程结构的校本转化。

从逻辑与现实角度看，学校课程源于国家课程，且超越国家课程。学校课程结构应该反映国家课程的基本要求，同时结合学校教育自身的历史与现实，立足自身办学定位、培养目标和课程核心素养，创造适合自身并反映自身特点的课程结构。

目前，我国中小学国家课程结构仍突出科目本位，中学课程结构在科目基础上，可以突出"领域"，学校则可以结合自身实际与需要，将国家课程的设计要求内化在学校自身的课程结构之中。例如，芳星园中学竹君子课程体系，将学校课程分为基础、拓展和研究类核心专业课程，同时，学校还特别设计生命课程、美德课程和综合实践课程。学校三类核心课程既体现了国家课程的基本要求，又区分了不同层次，有利于满足不同类型学生发展的实际需要；三类特色课程，更显现出学校自身的特色，所有课程均围绕育人这一目标展开。

（2）课程结构要素整体关联，凸显结构的力量。

如前所述，"课程结构"注重要素之间的整体关联性，否则难以显现结构的力量。学校课程结构优化水平取决于课程结构要素之间的整体关联度。整体关联度越高，结构的力量越强。

例如，北京芳星园中学竹君子课程体系建构了立体化的课程结构（图1-1），充分体现了创新进取向上精神，做好自己的学校文化，形成了基础型、拓展型、研究型三型结构课程。

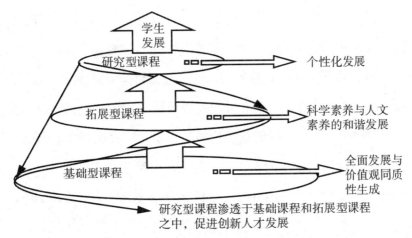

图1-1 北京芳星园中学竹君子课程体系结构

既描述基础型课程、拓展型课程和研究型课程所关注的课程愿景，同时也很注意这三类课程共同的追求，那就是学生的发展。以学生发展为主线，三类课程之间还存在一种渗透关系：研究型课程渗透于基础型和拓展型课程之中。如此处理课程结构要素之间的关系，比单纯提三类课程更为合理，更具有结构的意蕴。

3. 学校课程指导纲要设计

确立了课程结构，不代表学校课程顶层设计工作就结束了。对教师而言，更需要关心的是，学校课程结构各要素如何更加具体、生动，要素之间的关系怎样贯通。为此，有必要进一步研究各类或各领域或各主题的课程教学指导纲要，如语言教育指导纲要、数学教育指导纲要、科学教育指导纲要、体艺教育指导纲要，等等，也可以是研究型课程指导纲要、领导力课程指导纲要等。学校课程指导纲要是学校课程结构的进一步具体解释，也是实施课程的基本指针。具体而言，学校课程指导纲要包含以下三方面的内容。

（1）国家课程标准调适与适性转化。国家课程标准是国家为公民教育设计的最低标准，不同的学校不同的发展阶段，都需要对其做适当调整与转化，以适合学生发展的实际状况。生源基础较好的学校，需要适当提高标准，而对于学习基础比较薄弱的学生，至少需要设计梯度目标，让学生逐级发展，最终达到国家的最低标准，进而超越国家标准，如设计基础性课程标准、拓展性课程标准和挑战性课程标准，增加课程标准的选择性。

（2）国家课程内容的剪裁、替换与丰富。国家课程内容具有一定的普适性和一般性，与学生的生活有一定距离，不利于学生理解和应用。因此，活化、丰富国家课程内容，是学校课程指导纲要需要突破的难点。一些不适合学生学习的内容，则需要适当裁减，并增补替换相应内容，尽可能使课程内容有趣、有用，适合学生。

（3）实施方式优化。对于国家设计的课程内容，学校也可以结合学校办学特色、学生学习风格和教师资源特征，灵活地重新排列组合，形成多样的结构方式，方便教师的教和学生的学，增进学习效能。

（三）学校课程顶层设计的基本元素

学校课程顶层设计需要落实相关基本元素，并聚焦课程顶层设计的4大基本元素。

1. 知己知彼

"知己知彼，百战不殆"。学校课程顶层设计，需要系统分析三方面的情势。第一，分析学校发展的优势、劣势、机会与挑战，寻找有利于课程发展的最佳象限；第二，系统分析学生发展情势，科学把握学生发展的基础、问题与前景，分层分类把握学生群体发展样态；第三，分析国家课程设计的思路、目标与内容。经过三方面的系统分析，尤其是学生发展情势分析，学校就可以把课程顶层设计的外部条件、挑战和自身优势描述清楚，有利于做课程设计的前瞻性预判。

2. 以终为始

基于前瞻性预判，立足学校教育实际，定位学校课程"用户"——学生的阶段性"奋斗目标"，如小学毕业的终极要求、中学毕业的终极评价标准。学生奋斗目标应当是个性化的、分层分类的，奋斗目标在奋斗过程中可以相互转化。正如美国无线电公司的董事长萨洛夫所说"成功的道路是由目标铺成的"，学生如果没有奋斗目标，学习生活将会浑浑噩噩。这实际上就是基于终端评价审核结果与学生发展现状之间的差距，判断国家课程适合本校学生发展的程度、范围与困难，寻找国家课程校本调适与创生的机会点和突破口，高位思考，高端定位，为形成符合本校学生相应阶段发展的、令人向往的课程愿景奠定基础。

3. 系统思考

系统地思考促进学生奋斗目标达成的诸因素，比如，在何种情况下学校课程能够帮助学生达成奋斗目标？学校课程必须满足哪些前提条件和边界条件？哪些是必要条件？哪些是充分条件？为促进学生达成阶段性奋斗目标，如何分步设计、分层落实？影响学生分层分类学习的关键因素有哪些？

例如，学校依据学生学业成绩对学生分类分层，结果可能带来一系列课程领导的困难。如果站在学生立场，让学生自主选择课程，将会是另一番状态。决定选择何种课程之前，先让学生试听不同类型不同层次的课程，让学生在教师的引导下自主判断自身学习现实与课程要求、课程方式之间的适合度，再决定应该选学何种层次何种类型的课程，学生在学习过程中，随着自身努力、学习方法、家庭环境的改变，在教师引导下可以自主决定变更课程的选择，可以跳跃到更高阶层的课程。这样思考的关键点是学生课程选择权的落实，而其关键在于系统而全面的思考。

4. 数据化决策

学校课程顶层设计既需要概括地定性描述，也需要"科学地"客观描述、沟通与决策，要学会用数据表达，不能凭感觉，否则课程决策苍白无力。例如，学校发展SWOT分析（即基于内外部竞争环境和竞争条件下的态势分析）、学生奋斗目标所涉及的指标、国家课程之于本校学生发展需求的适合度与差异度、学生分层分类学习过程的情势分析、促进学生奋斗目标达成所需要完成的学习任务与达成状况，如此等等，用数据呈现，便于教师与学生沟通、反思和改进，也便于课程制度重构以及教学任务的落实。数据化决策需要做充分的调查研究、客观的统计与系统的分析。

（四）正确解读学校课程

课程这个词，在教育领域用得非常频繁。但是大家有没有想过，课程具体的含义，到底是什么？课程等于课堂吗？课程等于教学大纲吗？还是另有深意？谈及学校课程的顶层设计，首先要厘清的核心概念就是到底什么是"课程"。

一般而言，课程的定义大致可分为两大派别：其一为课程是学科或学科的总和；其二为课程是指学生在学校内所获得的经验，这种课程的意义又可分为是否在学校计划预期当中的两种观点，亦即，"预期的学习经验"

与"未预期的学习经验"。第一种派别的课程意义，以学科或学科的总和为课程的定义较为狭隘；第二种派别的课程意义，以学生的学习经验为课程的定义则较为广泛。若依课程定义抽象程度和以学生为中心的程度来分析，第一种派别以学科或学科为课程的定义较为具体，且以学校教师为中心；第二种派别以学生经验为课程的定义较为抽象，且主要以学生为中心。

课程亦存在许多层次，每一个层次的课程都是特殊决定过程造成的结果。美国课程学者古德莱德（Goodlad，1979）便认为有五种不同的课程在不同的层次运作。第一个层次是理想的课程（ideal curriculum），例如，政府、基金会和特定利益团体成立委员会，探讨课程问题，提出的课程革新方向都是属于"理想的课程"。第二个层次是正式的课程（formal curriculum），指由州政府或地方教育董事会所核准的课程方案，可能是各种理想的课程之综合或修正，也可能包含其他课程政策、标准、学科表、教科书等，皆属于"正式的课程"。第三个层次是领悟的课程（perceived curriculum），指学校教师对于正式的课程加以解释后所认定的课程。第四个层次是运作的课程（operational curriculum），指教师在班级教学时实际执行的课程。第五个层次是经验的课程（experienced curriculum），指学生实际学习或经验的课程。

然而，上述的课程定义的研究取向，还缺乏从一种教师的专业角度来分析课程的教育意义。换言之，未能从学校教师的教育专业文化的观点，将课程视为有待教师在课堂情境当中加以实地检验的一套教学过程的"研究假设"。因此，课程的综合定义应该至少包括了学科、经验、计划、目标与研究假设五种课程意义。下面就三个方面详细介绍一下。

1. 课程即学科

课程即学科的意义将"课程"视为一种学习领域、学习学科、教材或教科书，是学校教师、学生家长及社会大众所熟知的一种课程定义，"课

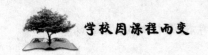

程即学科"也是最传统、最普遍的课程定义方式之一。学科通常是指学校教学的学科内容，也是学校教育人员与一般社会大众理解的课程。

在这种传统的课程定义之下，往往"课程"的范围是指学习领域的学科知识结构、知识内容或学科教材纲要。特别是一般人往往将教师准备于课堂中教学的学科单元主题与内容纲要视为"课程"的同义词，或将学校开授的学科表或学生的功课表视为"课程"的全部，甚至将教科书当成唯一的"课程"。这种"课程即学科"的课程意义之基本假设，主张课程设计人员或学校教师可以选取每一个学科的精粹作为学习内容。

在"课程即学科"的课程观点定义之下，学科可以用来训练学生的心理官能、心灵或是合乎两者的要求。因此，西方一些教育工作者认为几何学被认为可以训练学生的逻辑官能，拉丁文被认为可以训练学生的想象官能，古典语文的学习被认为可以产生普遍的心理训练。这种课程观点认为学科知识是主要学习的内容。这是学校活动与教育过程认定的与特定的目的，而且学习活动是达成这个学科教育目的的精确方法。就学科教育目标而言，学校教育的使命在于教导学生追求学科知识真理与智能，以传承并捍卫巩固学科知识。

例如，英语、科学或艺术，这样的学科并不是一个单一独立的知识。通常一个学科被称为一门学科，是因为学者就其所研究领域的知识，进行持续不断的研究发展与扩散，以进一步了解其研究领域的现象。学科的研究不是偶发的，学科专家要求自己遵守专业程序，以确保对研究的问题、问题的相关信息及研究结果的意义能获得共识。随着岁月的增长，每一门学科都累积了许多资料、概念、原则、搜集与解释资料的技能，以及此学科的有关范围与限制。这一大堆的材料是远超过任何一位学者所能理解的，当然也不是任何一个教学内容或教学方案所能完全涵盖的，更不是任何一位个别学生学习经验的建构。

学科内容，最初都是源自日常生活活动经验与教育过程受到其他因素作用影响所产生的。当生活活动受阻时，学科内容的知识，就会因应生活活动需要而产生。这种需要的行为，一旦被发现，就是课程设计人员与学校教师所需的学科知识内容。这些学科学习内容，有助于学科专家了解语言、科学、社会系统的研究，也有助于普通人解决其日常生活中所遭遇的问题，而且，这些内容也是该学科的学者所选择的，将来成为该领域学者或专家所必须具备的入门基础。

（1）课程即学科定义方式的优点

可以将学科之间、学习领域之间做清楚的区分，例如，语文课程、数理课程、社会课程、艺能课程等。其课程评价，强调课程必须忠实反映学科知识本质。因此，教育行政部门在规划、监督与管理课程方面也较方便与明确，有一致而标准的规范。由于学科之间有明确的划分，规划学生进行的学习内容较为系统与具体，也较合乎知识结构。

（2）"课程即学科"的局限性

"课程即学科"的课程定义将学科、学习内容或学科知识内容视为其同义词，忽略了学生对于学习活动的主观性认知、创造力、思考能力、智能发展等。另外，也限制了学生主动建构知识和参与学习活动的热情，容易使学生处于一种被动地接收信息的角色。

若将"课程"的定义局限于学科内容与教材原料和成果，忽略了教学过程的动态因素，教学过程也容易因此成为以教师为中心的学科内容之单向灌输，导致教师普遍重指定的教学内容而轻教学与学习过程的偏颇。

2.课程即经验

"课程即经验"倾向于将课程视为一种"学习经验"。

学生是学习的主体，老师只是教材的提供者。在这一过程中，学生是课堂的主体，教师是课堂的主导者，从而推动课堂有序地进行。

这种课程观点强调学生的学习动机是内发的而非外塑的，学习动机才是学生学习活动的内在驱动力。充分的学习兴趣是激发学生自主学习的重要动力。只有学生对所学知识产生强烈的兴趣，才能全身心地投入学习和探索中，才能有效地挖掘学生的主体作用。

课程特别强调学生在学习过程中的认知、技能、情志等方面的发展，重视学习活动对学生个人的教育意义。其所关心或质疑的课程设计问题：课程是事先规定的吗？学生可以从学习活动中学到什么？学生自己认为自己的学习如何？以及如何可以获得更佳的学习效果？

"课程即经验"的定义较为宽广，重视正式课程、非正式课程与潜在课程，以及其他经过指导或未经过指导的学生学习经验，使得这种定义成为一种比较多元的学习经验，有利于学习者的均衡发展。这种"课程"观点强调学习者的个别差异，尊重学习者个人的主体性，重视学习者平等参与学习活动的机会，兼重视教育目标与学习过程。

（1）"课程即经验"的局限性

把学习经验作为课程的定义，虽然视课程教学与学习为不可分割的过程，但是由于每个学生都可能有不同的经验与经验的课程，因此，这种观点暗示着学校教育情境当中存在着许多不同的"课程"，同时，这种课程的模糊定义观点，也容易使课程的意义不明确。特别是如果课程是学校生活中的学生学习经验，则任何一位课程研究人员或是学校教师皆无法掌握课程全貌，更难以完全理解其真相。

3. 课程即目标

将课程视为一种一系列目标的组合，不论是教育目的、宗旨、一般目标、具体目标、行为目标或表现目标等，皆由学生行为的改变呈现其教育效果。课程目标是评价学生学习结果的标准，亦即，课程的目标乃是指预期学生所要表现的行为，其教育方法强调实作与实际参与活动以获取经验。"课程即目标"的观点往往将课程视同工厂中的生产线，因此，目标的拟定必须具体 明确而清楚。例如，美国课程界学者泰勒（Ralph Tyler）便主张以行为及内容 的双向分析表来协助课程设计人员，叙写具体的课程目标，以便于教育控制与行政管理。

在课程选择方面，"课程即目标"的观点，重视课程目标的引导作用，依据目标选择材料，以社会需求为主，其次顾及学生兴趣、能力及合适的学科知识。在课程组织方面，课程要素一方面包括实质上的活动或经验，另一方面则注重形式上顺序的逻辑安排，强调目标与手段的连锁，由最终目标分析其先备条件，转化为阶段目标，再安排学习阶层。在课程评价方面，初步的评价在诊断学生的先备能力，最后的评价在判断目标的达成程度。

"课程即目标"的课程观点由于便于教育绩效管理与行政运作控制，其优点是主张教育应有明确的目标为引导，学校课程要有目标导向，以设计学习方法与教学内容，并达成预定的教育政策与教育理想。

但是"课程即目标"的观点容易忽略人类行为的复杂性及社会的交互作用，且忽略教师在此课程设计与发展的过程当中扮演的主动角色。这种目标导向的课程容易忽略学习者的个别经验。这种课程定义与"课程即计划"的观点有些许雷同，因此，课程往往被定位为一组有意图的预定学习结果与标准，导致容易过度重视预期的学习结果，而漠视非正式的学习以及学习的方法与活动，甚至忽略了教学内容与过程。

（五）顶层设计中的课程统整组织

如何进行课程组织，才能得到累积的效果以达成课程目标？如何进行课程组织，才能协助学生得到统整学习经验的效果？课程组织是个既困难又复杂的问题，涉及利用学科课程知识的本质、课程要素、课程组织标准与学生学习等影响因素。

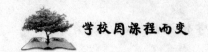

因此，如将课程组织视同一种教育科技工程，则其应用教育研究的方法是十分重要的。为了达成课程组织的功能，课程设计人员有必要了解课程组织的相关原理原则。特别是课程组织原则，必须建立在学习心理学的基础之上，例如，应用学习理论的各种不同原理及原则，而且必须经由学校的实际经验与实验，才能解答课程组织的问题。

课程组织原则包括合乎课程目标、由简单到复杂、由具体到抽象、由近而远、时序组织、由整体到部分或由部分到整体、先决条件的优先学习、概念相关法、探究关联顺序、提供不同的学习形式与课程统整的途径等原则。这里我们以其中6种为例来介绍。

1. 合乎课程目标

学校的学习不同于生活中其他领域的学习，主要是因为学校的学习是经过正式组织安排的。学校的特定功能乃在于安排学习经验，以帮助学生进行学习。因此，如果将课程视同学科的学习计划，则课程内容有必要加以组织，以合乎教育目标，并决定如何进行学习，以使学习更有效率。因为混乱无序的内容与孤立的学习经验，并不能有效达成教育目标。

2. 由简单到复杂

例如，由单细胞到多细胞，由化学元素 H 与 O 到化合物 H_2O。又如，数学上先教加减法后教乘除法。由简单到复杂，必须先决定何者简单、何者复杂。这个原则很重要，但是通常很少被界定，而且也未经过学校正式的实验。

3. 由具体到抽象

在学习的早期阶段应该提供具体的学习经验，先举出具体的事例，然后提出更基本的原则，以说明这些事例，并从这些具体经验中找出抽象意义，这是最佳的组织方式。换言之，由具体到抽象的课程组织原则，即指课程设计宜先由视听嗅味触等可具体观察或感觉的学习经验开始，而后及于抽象思考的层次。

4. 由近而远

学习活动的安排宜由学生已知的活动开始，向未知的活动导入，由近而远，扩展视野，由熟悉到不熟悉，扩展学生的生活地理领域。由近而远的课程组织原则，是指课程组织宜从学生熟悉之处着手，逐渐导向其不熟悉的地方。

5. 时序组织

此原则又称为由古及今的课程组织原则，指依据时间年代去组织学习经验，如时间编年史般由上古而中古而近代直到现代与当代。值得注意的是，时序组织乃依事件发生的年代顺序安排，让学生知道其时间年代的连续性。例如，历史事件的发生有其先后次序，代表因果关系，课程内容也应如此排列。但是，这并不是理解基本概念与训练基本技能的最好方法，而且也容易与由近而远的原则相互抵触，或与由熟悉到不熟悉的原则相互冲突。

6. 由整体到部分或由部分到整体

有一部分的教育心理学者支持由整体到部分的课程组织原则。他们主张课程组织应由整体开始，概观所有的学习内容和经验，提供学生一个整体的理解，然后开始进行各部分的学习。例如，由宇宙、银河、太阳系、地球、亚洲到东南亚地区。

◉ 二、课程顶层设计与课程领导

课程顶层设计与课程领导力就是要求校长和老师能够通过对教育规律、学校文化及学校目标、学校环境的深刻理解，从而拥有课程规划和实施的一种驾驭能力，顶层设计更多是从战略上、资源配置的角度进行考虑。

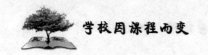

而课程领导力则体现在课程领导者和追随者对于学校及教育现状、教育目标以及教育策略方面进行思考与行动的一种能力。

一个学校要进行课程顶层设计，也就是将学校里各种课程和教材进行整合，形成一个新的核心课程体系。这个过程中需要有学校领导发挥核心作用，让各个团队都积极参与到课程建设中。

课程领导（curriculum leadership）的研究最早开始于20世纪中叶。1952年，哥伦比亚大学学者帕索（Passow）进行了一项名为"以集体为中心的课程领导"的研究项目。自此以后，课程领导的相关研究逐渐兴起，现已成为课程领域一个重要的研究议题。中外学者对课程领导的概念有不同的理解。学者李定仁、段兆兵认为，课程领导是指为了实现课程目标，在一定的条件下对课程领域的组织和人员施加影响的过程。学者董小平认为，课程领导是课程领导者与追随者在课程事务上通过互动而相互影响，以促进教育组织中的人、事、物共同发展的过程。

课程领导是为学校成员提供必要的基本支持与资源，进而充实教师的课程专业技能，发展学校优质教育方案，促进教师间的交流和观摩，促使学校形成合作与不断改进的文化，最后把学校发展成为课程社群，达成卓越教育的目标。

基于以上学者对课程领导概念的理解，我认为课程领导是指在一定的学校组织内，课程领导者基于一定的课程理念，采用一定的组织方法来影响追随者，对课程目标、课程设计、课程实施、课程评价等一系列过程进行动态管理，从而使课程领导者和追随者为实现一定的课程目标而共同努力的过程，最终促进学校课程以及全体成员的发展。

（一）新视角下的课程领导

传统意义上的课程领导，通常是指在整个学校中形成课程开发的领导小组，即校长是课程主管，负责制定整个学校的课程目标并协调各部门的课程活动；全体教师代表和学生代表是课程决策过程的参与者，负责监督教学计划的执行；而其他专业人员则起到辅助或支持校长决策的作用。

新时期具有时代特色的新的课程领导模式，则是基于合作而非自上而下领导进行跨领域、跨学科、跨文化的协作活动；基于学生需求、社区需求及教师的职业发展需要等多方面进行课程管理和开发；让老师们充分参与到课程开发和实施过程中来。

课程领导这一概念应该包含以下五个基本要素。

第一，课程领导者。

课程在教育实践中具有多种层次，而这种多层次性也决定了课程领导的多层性。不同层级的课程领导，又有着不同层级的课程领导者。我国现行的是国家、地方和学校三级课程管理体制。从大的方面来说，我国的课程领导分为三个层次，即国家课程领导、地区课程领导和学校课程领导，相对应的就有三个层次的课程领导者。不同层次的课程领导者有着不同的职能。国家课程领导者直接指向的是国家教育行政部门的最高机构——教育部，主要职能是从统筹全局的角度出发，制定国家基础教育培养目标、课程计划框架和课程标准等宏观政策，并指导和监控地方、学校来贯彻执行国家课程政策，以保证基础教育的质量。地方课程领导者直接指向的是地方教育行政部门，主要职能是贯彻执行国家课程计划、学科课程标准，并按照地方的实际情况与发展需要，落实国家课程标准以制订具体方案和开发地方课程，指导学校合理地实施地方制订的课程计划。学校课程领导者直接指向的是学校主要的负责人，通常来说是校长，课程到了学校这一级才真正落到了实处，校长依据教育部颁布的学校课程管理指南，结合本校的传统和优势，根据学生的实际发展需要，开发校本课程。在国家课程标准和地方课程标准的指导下，校长被赋予了开发校本课程的更多的自

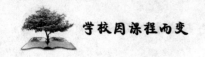

主权。

第二，课程追随者。

正如不同层次的课程领导有着不同的课程领导者一样，不同层次的课程领导也有着不同层次的课程追随者。总体而言，课程领导影响范围越大，课程追随者就会越多。因此，国家课程领导的课程追随者最为充实，不同层级的教育工作者都是国家课程领导的追随者。课程追随者在课程领导者的指导下，按照一定的课程标准和课程计划，开展不同层次的课程。学校课程是课程最终落归实处的重要环节，因此学校课程领导的追随者是推动课程实施的重要保证，他们一般是学校中的教师。

第三，课程领导的目标。

课程领导者通过课程实施的各个环节对课程进行动态管理，让课程追随者自觉地参与到课程构建的过程中来，最终实现课程目标。总而言之，课程领导的目标是围绕着课程目标来进行的，课程领导的成效直接影响课程目标的达成情况，同时，课程目标的达成情况也直接检验课程领导的成效，两者相辅相成。此外，课程领导还有一个最终归宿和落脚点，就是通过达成课程目标，从而促进教育组织中的人、事、物共同发展，而不仅仅局限在达成课程目标本身。

第四，课程领导的影响力。

不同层次的课程领导有着不同的课程影响力。国家课程领导者的影响力的范围涉及全国，但具体的课程实施方案还需要地方和学校结合本地区、本校的具体情况做进一步的调整和完善。地方课程领导者的影响范围覆盖所管辖的整个地区，一般来说是一个省级地区。校长课程领导的影响范围最小，然而对在校师生而言，这种课程领导的影响力是最为真切的。

第五，课程领导的环境。

课程领导的环境简而言之就是课程实践的真实场域，既包含物质环境，也包含精神环境；既包含内部环境，也包含外部环境；既包含国内环境，也包含国际环境。教育系统本身就处于各种环境当中，它是一个复杂的系统，因而造成了课程领导环境的多元性。不同层级的课程领导都会受到多种环境的影响，我们要努力为课程领导营造积极、优良的环境，从而促进课程目标的实现。

（二）课程领导的基本内涵

1. 课程领导是课程领导者与课程追随者相互作用的过程

课程领导并不是课程领导者的一种特质，而是课程领导者与课程追随者相互作用的过程。课程领导者依据一定的课程理念和课程标准，与课程追随者共同商讨课程计划和实施细则，在课程领导者的指引下，为了实现课程目标而共同努力。在这个过程中，并不是课程领导者一味地制订计划，课程追随者一味遵从；而是课程领导者和课程追随者在探讨、协商、调整的过程中，实现对课程构建的动态管理。

2. 课程领导是课程与领导两个范畴的融合

凸显课程领导的重要性，一方面是教育领导的回归，另一方面是我国课程管理体制转型的表现。课程领导融合了课程和领导两个重要的概念，融合的背后渗透着一种新的课程管理观，即一种更为人性化的动态过程，而非以往严格的自上而下的课程管理体制。这样的转型，更有利于激发一线教师参与课程构建的热情，也更有利于课程目标的达成和实现。

3. 课程领导时刻关注课程目标的实现

课程领导虽然融合了管理学中领导的概念，但其职责仍然偏向于教育性。课程领导时刻关注着课程目标的实现，这是检验课程领导成效的重要标准。为了更好地达成课程目标，课程领导者需要领导课程的专业知识、领导素养、组织能力、资源配置、公共关系等多种条件的协同。

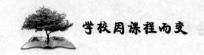

4.课程领导的关键职能是引领

课程领导的关键职能是引领课程追随者朝着正确的方向行进。课程领导不是在控制别人，而是在引领、指导和督导别人做出高层次的判断和自我管理，激励相关人员投入持续成长的生活方式中。课程领导的引领职能是影响一群个体或组织实现共同目标过程中的一种引领力，是推动课程构建良性循环发展的持续动力。

（三）课程领导的本质特征

1.创造性

创造性是课程领导的基本特征，这主要是通过在课程领导中对待课程实施中的人、事、物的态度和行为表现出来。

首先，课程领导更加强调课程领导者对课程追随者的引领作用。课程领导者应该对课程价值和方向做出一定规划，但在课程实施的具体环节上，课程领导者应赋予课程追随者更多的自主权，让课程追随者来实施这一项创造性活动，而不是一味地听从课程领导者的指示。有效的课程领导需要课程领导者进一步激发课程追随者的主动性和创造性。课程领导者如何使具有不同的知识背景、职业技能、行为方式的追随者都能积极投入课程构建和实施的过程中，以保证学校课程顺利有效进行，这本身就是一项具有创造性的工作，需要课程领导者不断调整领导策略，并深入了解追随者的动机和愿景，与追随者形成一个和谐有序的统一体，共同发挥课程领导的有效性。

其次，课程领导在处理各种课程事务中不断推进课程的发展，在这一过程中往往需要解决一系列问题：如何建立积极有效的课程领导团队？如何激发教师、家长、社区参与课程领导的积极性？如何进行课程规划？如何开发校本课程？如何评价校本课程？如何通过课程进一步促进学习者的发展？这一系列的问题都需要课程领导者带领追随者在实践的过程中不断探索，这也是一项极其富有创造性的活动。

最后，在课程领导的实施过程中，不仅包括人与人之间的相互影响，也包括人与物之间的关系。课程领导的有效实现离不开各种物质资源的支持，统筹校内外的各种物质资源，并物尽其用，这更是一项创造性活动。具体而言，课程领导的物质保障包括学校的各种教育教学设施、课程的资料和资源等。如何高效地使用教学设施和课程资源，并充分发挥课程的有效性，这一系列问题都需要课程领导者和课程追随者创造性地解决。

2. 生态性

课程领导的生态性是指学校在实施课程领导的过程中凸显出来的系统性、平等性和差异性的特征。首先，课程领导本身就处于一个系统中，课程领导的对象是由国家课程、地方课程、校本课程构成的综合体。因此，从某种层面上来说，课程领导不仅仅是对某一层级课程的领导，而是对整个课程系统的领导。学校需要将国家课程和地方课程的标准和要求与本校的实际情况结合起来，创建适宜本校师生发展的适宜性课程，并发挥学校课程在整个课程系统中的系统效应。其次，学校处于整个教育系统和社会系统中，是教育系统和社会系统中不可或缺的部分，课程领导不仅要协调好学校内部的各种关系，也要协调好与社会的各种关系。学校只有与社区、家长、文化部门、教育部门等形成良好的和谐关系，课程领导才能高效有序地运行，课程实施才能有力地推进。最后，实施课程领导的过程中，课程领导者和课程追随者的地位是平等的，两者是相互促进、和谐共生的关系，不存在严格的层级区别，两者在探索、合作、协商、对话的过程中实现对课程构建的领导，共同推进课程的有效实施。

3. 多元性

课程领导强调多元、开放、互动，而多元性也是课程领导的重要特征之一。课程领导的多元性体现在诸多方面。第一，课程领导的多元性体现在多元的课程领导者当中。不同层面的课程领导有着不同的课程领导者，国家层面的课程领导者是国家教育行政部门，负责为全国学校的课程实施指明大的方向和基本标准；地方层面的课程领导者是地方教育行政部门，负责为该地区学校的课程实施提供指导并确定基本标准；学校层面的课程领导者一般是学校直接的领导者——校长，他们负责本校课程的构建与实施。同时，学校内部也有着不同层次的课程领导者。校长负责确定课程构建的总体框架，是学校宏观层面的课程领导者，而到课程实施的具体环节时，课程领导者可以是教师、学生、家长、社区等，这是学校微观层面的课程领导者。

第二，课程领导的多元性体现在多元的课程追随者当中。如上所述，不同层面的课程领导有着不同层面的课程领导者，也意味着不同层面的课程领导有着不同层面的课程追随者。国家层面的课程领导的课程追随者的范围最为广泛，包括全国的地方教育部门和学校组织。地方层面的课程领导的课程追随者是所管辖范围内所有的学校组织。学校层面课程领导的追随者是学校的全体师生、家长等。

第三，课程领导的多元性体现在多元的课程领导权力当中。一般来说，校长、副校长、教科研主任等学校行政部门领导既可能持有法定性权力、奖赏性权力、强制性权力，也可能持有专家性权力和参照性权力。教师则主要持有专家性权力，也可能持有参照性权力、奖赏性权力。家长和社区人士则可能持有有限的参照性权力和强制性权力。

第四，课程领导的多元性也体现在多元的权力影响方向当中。在课程领导中，权力的影响不是单方向的，而是双向或多向的。例如，校长的课程领导权力既作用于副校长、教科研主任，也作用于教师、家长、社区；教师的课程领导权力既作用于学生、家长、社区，也作用于校长、副校长、教科研主任。在课程领导的过程中，任何一个主体既可以是课程领导者，也可以是课程追随者，这主要取决于参照的权力关系。

（四）伦理性

美国学者诺斯豪斯从领导行为对自身利益的关注和对他人利益的关注两个维度出发，将领导的伦理行为的结果分为三种：一是利己主义，即在课程领导的目的中对自身利益的关注高于对他人利益的关注；二是功利主义，即在课程领导的目的中同等关注自身利益和他人利益；三是利他主义，即在课程领导的目的中对他人利益的关注高于对自身利益的关注。基于诺斯豪斯对领导伦理理论的思考，我们可以明显看出课程领导的利他主义。首先，课程领导最大的受益者是在校的全体学生。课程领导者带领着课程追随者，统筹各种课程资源，构建适宜学生发展的课程，并对课程计划、课程实施、课程评价进行动态管理，这将会大大提高教育教学质量，从而促进学生更好地发展。尽管在这个过程中，学校或领导者也会追求自己的利益，但追求学生的利益是课程领导的先决条件和最终归宿。因此，课程领导具有很强的伦理性。

同时，除了学生之外，课程领导最大的受益者是教师。教师虽然更多扮演着课程追随者的角色，但校长为了让教师更好地参与到课程领导中，势必为教师提供各种资源，包括物质资源和精神资源，这为教师的专业成长提供了有力的支撑和平台。此外，课程领导是一项创造性活动，鼓励一线教师积极运用自己的聪明智慧更好地实施课程，这也是促进教师专业成长的重要途径。总之，课程领导有很强的利他主义特征。

（五）课程领导在校本课程建设中的意义

随着课程改革的推进，学校也被赋予了开发和建设校本课程的权利。

开发和建设校本课程，必然离不开对课程构建的有效管理。在 20 世纪末全球大规模的课程改革浪潮展开后，课程领导的概念开始受到教育界、教育决策者和学者的关注。课程领导是一种新的课程管理理念，强调以人为本，倡导课程的领导者和课程的追随者都是课程构建的主体，通过相互启发、相互探索、相互合作共同推动校本课程的构建和实施。课程领导作为引领和保障课程顺利开展的重要举措，对学校校本课程的构建和实施有着重要的意义。具体而言，课程领导在校本课程建设中的意义包括以下几方面。

1. 有利于找准学校课程的定位与价值

构建和开发学校课程的前提和基础是找准学校课程的定位和价值，而课程领导的有效推进有利于课程开发者和领导者找准学校课程的定位和价值。课程领导要求课程领导者带领课程开发团队，对将开展的学校课程进行深度的解读和剖析，同时判断学校课程开展的现状与困境。基于以上的思考，找准学校课程的定位并预估产生的价值，为学校课程后续工作的开展奠定良好的基础。

（1）提升对学校课程的解读能力。学校课程的构建和开发虽然具有很强的自主性，但仍需要符合国家课程和地方课程的基本要求和基本方向。这就要求学校的课程领导者在开发学校课程时，对当前学校课程政策、课程性质及课程标准有深刻认识，同时将对教育政策和教育理念的解读转化为实际的行动方案。课程领导者以及课程开发团队在这一过程中，大大提升了对学校课程的解读能力，明确了学校课程的前进方向。

（2）提升对学校课程现状的判断能力。每个学校在开发学校课程时，所面临的现实条件和实施基础都不尽相同。正因如此，不存在学校课程开发的统一模式，都需要课程领导者带领开发团队，认真审视学校课程开发的现实条件和基本情况，找出课程开发的有利条件和现实障碍，预估影响学校课程品质的现实问题和影响因素，保证学校课程在最有利的条件下得以实施和推进。简而言之，在课程领导的指引下，学校对学校课程实施现状的判断能力大大提升。

2. 有利于科学组织学校课程的设计与开发

学校课程的设计与开发是构建学校课程的重要环节，将直接影响课程构建的成功与否。课程领导作为一种新的课程管理理念，倡导最大限度激发课程领导者和课程追随者的主动性和创造性，形成一个课程构建的共同体，在合作探究、双向互动的过程中，科学组织学校课程的设计与开发。

（1）形成一个课程构建的共同体

课程的开发是一个系统庞大的工程，校长作为课程领导者应建立一个和谐高效的团队，要吸纳全校师生共同参与，充分发挥集体的智慧和力量。这就是以课程领导者为核心的、以集体智慧为基础的、以共同协商为准则的课程构建共同体，在这个共同体中，课程领导者和课程追随者的身份随时可以互换，这样才能最大限度将全校的教职工凝聚在一起，为学校课程的设计与开发贡献力量。简而言之，课程领导通过共同体的集体智慧，推动学校课程的设计与开发。

（2）统筹各种课程资源

科学组织学校课程的设计与开发，离不开共同体的支持，也离不开各种课程资源的支撑，包括家长资源、社区资源、教师资源、专家资源等。课程领导以开放、合作的态度，将家长、社区、教师、专家等融入课程构建的共同体中，很好地统筹了各方面的课程资源，为学校课程的设计和开发创造了有利条件。

3. 有利于全面推动学校课程的执行与实施

学校课程的执行与实施是课程构建的核心环节，是将课程愿景和课程计划转化为现实的重要环节。课程领导的有效实施，将对学校课程的实施

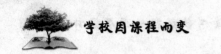

过程进行全方位的动态管理，保证课程实施的各项条件，并及时调整和弥补课程实施中的不足之处和不利条件，最终全面推动学校课程的顺利实施。

课程实施是一个复杂的过程，其中的每个具体环节一般都是由教师来完成的，故而是教师的一项富有创造性的劳动。教师的观念尤其是对学校课程的理解和认同程度，直接影响到课程实施的效果。倘若教师对学校课程的理解和认同程度高，那么便会乐于在实践中更好地实施课程，在遇到问题时也会及时运用教育机制很好地解决，并推动课程实施的有力前进；反之，如果教师一味地依赖课程领导者的指示和安排，即使在遇到问题时，也不乐意自己解决，这样会使课程实施面临很多障碍。

课程领导倡导一种民主、平等的管理观，课程领导者应该充分尊重教师的劳动成果，相信教师的课程实施能力，鼓励教师遇到问题先自己解决，事后再进行进一步的商榷，这样能最大限度激发教师的主动性和创造性。同时，课程领导要倡导教师及时革新观念，通过教师培训或教研活动等多种途径，加强教师对新课程改革的理解以及对学校课程的认同，鼓励教师多接受最新的教育理念，不断提升专业水平，保证课程的顺利实施。

4.有利于科学校本课程评估体系的建立与调整

校本课程的评估体系是检验校本课程有效性的重要手段，即校本课程的实施究竟在多大程度上促进了学生的发展，这是校本课程构建的重要环节，也是校本课程构建的难点。由于学生教育不同于中小学教育，评价学生发展不能把学业成绩而应把学生发展水平作为衡量指标，这一衡量指标具有很大的不确定性。这也决定了构建科学的课程评估体系具有一定的难度，而课程领导的有效实施可以促进学校科学的课程评估体系的建立和调整。

（1）建立科学的课程评估体系

对学生教育来说，由于学生身心成长的特殊性和认知水平的限制，其所具有的发展潜力和可能性，以及发展需求的复杂和多变性，使得学生教学评价面临着巨大的挑战。这使得建立科学的课程评估体系困难重重。虽然现在许多学前教育理论专家提倡教师应持有新型的评价观，采用多元化、情境化、动态化的评价方式更多地对学生进行形成性评价，但是在实际的课程实施过程中，对学生的评价方式过于主观随意，评价内容单一，这也影响着科学的课程评估体系的建立。

课程领导以现代哲学理念为理论基础，强调课程评价要构建一种过去、现在和未来的经验都联系起来的网络，是领导、教师和学生共同进行、相互作用，以转变为目的的协调过程。课程评价是一种动态性的反馈，而不是简单的评定与检测。在这一思想的指导下，第一，课程领导对课程评价体系进行重构，提倡课程评价应该尊重青少年个体差异的理念，促进青少年个性发展；课程设计以发展青少年创造性为中心；课程评价由重结果转变为重过程，应遵循多元化、动态性、差异性的原则。第二，课程领导进一步深化校本课程评价的主体，尊重学生课程评价主体地位，教师和学生都是课程评价的主体。第三，课程领导提倡评价标准的多元性、动态性与模糊性。第四，课程领导提倡课程评价方式的多元化，应以过程性评价为主，以结果性评价为辅，并在学生的真实生活中关注与评价学生。将评价更多地着眼于学生的观察、思考、解决问题的过程上，着眼于学生在学习过程中的兴趣、习惯、情绪及态度的培养上。课程领导应该从这四方面推进科学课程评价体系的建立。

（2）完善课程评估体系

课程评估体系不是一成不变的，即使是科学的课程评估体系也必须根据课程实施的具体情况做出相应的调整，以完善课程评估体系。课程领导强调的正是这种动态的、过程性的课程评估体系，它倡导课程领导者带领着课程追随者，在课程实施和评价的具体环节中，依据学生发展的不同程

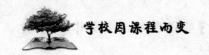

度和出现的不同情况，及时调整课程评价的内容、方式和标准，以更好地评估课程的效果和学生的发展水平。

三、顶层设计中的校长课程领导力

如果说课程领导更多指向的是一种行为，强调对课程的动态管理和引导，内涵更为广泛；课程领导力则更多指向的是课程领导者本身的一种素质或能力，内涵更为具体。

学校校长作为学校课程的直接领导者，承担着领导校本课程建设和开发的重要任务。校本课程的建设是一项复杂的系统工程，需要校长具备一定的课程领导能力，也就是校长课程领导力。可以说，校长课程领导力的质量在一定程度上决定了学校整个课程顶层设计和实施的品质。校长必须肩负起课程领导的职责，综合校内外各种资源，利用自身的影响力，带领教师、家长、学生共同促进校本课程的发展，保证校本课程的顺利实施。如此一来，校长作为学校课程发展的第一责任人，其课程领导力的提升对于学校课程设计和建设及开发显得尤为重要。

校长课程领导力就是突出校长作为学校发展和校本课程构建的主要领导者所具备的课程领导能力，主要表现在对学校课程的解读力、判断力、开发力和对课程实施的规划力及构建力。

具体而言，学校课程的解读力是指，校长对当前学校课程政策、课程性质及课程标准的深刻认识和解读能力，并能将教育政策和教育理念直接转化为课程行动方案的专业能力，这是校长提升课程领导力的重要前提。学校课程现状的判断力是指，校长能重新审视学校教育的实际状况与发展困境，并找出影响学校课程品质提升的障碍及其影响因素的能力，这是保障课程领导力正确方向的重要动力。课程资源的开发力是指，校长从社区、家庭、教师和学生四个层面统筹利用各种课程资源，提升学校课程开发的品质的能力，这是顺利构建校本课程的重要支撑，也是校长课程领导力的重要体现。

课程实施的规划力是指，校长规划、设计学校课程体系，指导教师设计和实施课程，并对课程实施过程进行监控，对保教质量进行评价的能力，这是校长课程领导力转化为实践的重要环节。课程文化的建构力是指，校长通过专业共同体的建设，营造开放、创新、共享、发展的课程文化氛围，促进学校的可持续健康发展，这是保障校本课程顺利构建和实施的文化环境，也是校长课程领导力的重要体现。

（一）校长课程领导力实施现状与问题

校长作为一所学校最直接的领导者，在构建校本课程的过程中拥有更大的资源和权责，担负着引领学校课程发展的重要角色和艰巨任务，于是校长被赋予了课程领导的新使命，理应在课程实施中发挥至关重要的作用。

然而在设计与构建校本课程的实践中，课程领导对校长来说是一个全新的课题，也是一个巨大的挑战。总体上来说，当前校长课程领导力的实施主要存在以下三方面的问题。

1. 校长对课程领导力的认识不到位

校长课程领导力，作为一个新的课程管理理念，很多校长对这一理念的内涵认识不清晰，从而导致很多校长对课程领导力不够重视，缺乏对这一理念的关注。他们对课程领导角色背后的社会期望，以及每一种角色所要求的行为规范、责任和义务都比较笼统，比较模糊。校长没有很好地发挥课程领导力对构建校本课程的引领作用，仍然用传统的方式来构建和管理校本课程，这也导致了在构建校本课程的过程中困难重重。要提升和发挥校长课程领导力的重要作用，还有很长的路要走，尤其是在理念层面的

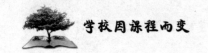

倡导和引领，显得尤为紧迫。

2. 繁杂的行政工作影响校长课程领导力的系统提升

由于教育对象和教育任务的特殊性，学校工作相对琐碎，在事无巨细的工作环境中，相当一部分校长身陷其中，没有足够的时间与精力来提升自身的课程领导力。事实上，校长的课程领导力的系统提升，就是要求校长从烦琐凌乱的工作状态中抽身出来，营造和谐向上的组织文化与氛围，引领教师的专业发展，提升学生在学校中的生活品质。然而，校长专业发展的水平是有差异的，其领导风格也各不相同，校长自身的"专业问题""风格问题"是学校领导工作中最大的"软实力"，它既体现为校长思想意识层面上的差异，也体现为领导特质、领导行为等方面上的差异。

3. 学校校本课程开发共同体的建设不容乐观

校长课程领导力的提升和校本课程的构建与实施，离不开学校校本课程开发共同体的建设。共同体建设涉及校长的领导转型，它将道德领导置于首位，通过共同愿景、系统开放和合作文化的协同，促进学校的课程改革与发展。然而，在校本课程构建的过程中，有些校长以刚性的管理方式推动校本课程的发展，这并没有很好地激励教师构建校本课程的热情，课程实施方案仍然以自上而下的形式呈现。学校的共同体构建依然比较薄弱，倡导的道德领导和人性化管理与校长实际的领导行为相距甚远，这也导致校长课程领导力的实施收效甚微。

基于以上对课程领导与校长课程领导力的认识，我们认为，校长课程领导力是推动校本课程构建良性发展的重要动力，尽管面临着种种的现实障碍，我们仍把校长课程领导力作为重要动力，推动校本课程的构建与实施。

（二）校长课程工作的核心：学校课程顶层设计

没有校长的课程领导，就没有学校课程顶层设计。

校长需要有课程意识、课程规划能力、课程人际领导力和自我反思力，否则，学校课程顶层设计无异于赌博。21世纪校长课程领导更加重视分享型领导，以一种综合的视角看待转变型领导与教学领导的关系，校长的"英雄式"个人领导将淡出课程领导舞台。提升校长课程领导力，可以从以下几方面入手：其一，树立教育使命感和社会责任感，确立教育理想与信念，使校长有学校课程顶层设计的动力；其二，持续学习，把握前沿课程理论、认知发展理论以及新技术条件下教育发展趋势，主动吸纳与借鉴学校课程顶层设计经验，使校长有能力做学校课程顶层设计；其三，政府建立学校课程顶层设计推进制度，并给予政策扶持，使校长有课程顶层设计的环境与氛围，而不是学校课程顶层设计孤独的守望者。

校长在引导学校设计开发和创建校本课程的过程中，基于对教育政策、教育理念的解读以及学校的现实基础，通过自身的领导能力和个人魅力，统筹学校的人力资源、物质资源、家长资源、社区资源等多方面资源，充分调动教师、学生、家长、社区参与校本课程构建的积极性，对校本课程的目标、设计、实施、评价等一系列过程进行动态管理的过程，这是校长领导能力的重要体现，也是开发校本课程质量的重要保证。

（三）课程领导力不只是校长的事

课程转型的关键是人的转型，校长、教师、学生是学校课程转型的主体。强化校长、教师、学生的课程领导，是学校课程顶层设计的关键。从某种意义上讲，学校课程领导力提升，不仅是校长的事情，而且与学校层面三级课程管理体制密切相关。

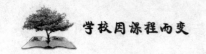

1. 教师课程领导力提升

有好的教师，才有好的教育。教师不仅决定着课程与学生之间的距离，而且可以缩小课程转化造成的落差。许多研究都表明，没有教师的领导，学校变革和改进是无法完成的。教师在革新课程设计、课程规划、课程评价、学校文化等方面具有重要作用。教师课程领导还肩负了师资的改善、计划或课程的改善以及系统性的以学校为目标的改善与变革的责任。教师的课程领导力与校长的课程领导力相辅相成。没有教师的课程领导力，校长的课程领导力难以发挥；没有校长的课程领导力，教师的课程领导力受到制约。普林迪（Printy，M.）等人认为，分享型领导在当前的背景下更加强调校长与教师在课程与教学事务上的合作。教师课程领导力提升，可以从三方面努力：其一，做好行动研究，通过问题—设计—实践—反思的循环，提升教师解决课程问题的能力；其二，鼓励教师做课程决定，围绕学生发展需求，有效利用课程资源，积极地系统思考，主动进行课程调适与创生；其三，创造条件帮助教师处理好课程人际关系，主动沟通与协调，进行同伴之间的分享与互助，形成课程革新合作共同体。

2. 学生课程领导力分享

学生既是课程的"用户"，也可能是课程创生的主体，这取决于教育者对学生的信任与理解，也反映出教育者更高的课程领导智慧。哈佛大学一度推进学生课程，凡是学生提出的课程，一旦被教授委员会认定为有价值的课程，就会由学校最有影响力的教授讲授这门课程。

在中小学，学生是否可以提出课程？甚至学生是否可以开设课程？这显然是十分有趣、有价值的课题。实际上，来源于用户需求的产品，可能是最受欢迎的产品。因此，学校课程顶层设计，不一定是把为用户创造课程产品作为唯一目的，也可以把用户作为产品生产者，在共同创造工作中满足双方的发展需求。

如芳星园中学在日常落实体育锻炼一小时的问卷调研过程中，关于课程需求调研一题，学生提出希望增加体育课程种类的需求。针对这一需求，学校组织体育教师研讨，开发出几门新的体育课程。第一，开发社区资源，利用社区门口的羽毛球训练馆这一优势条件，在初二年级增设全员羽毛球课。第二，挖掘社会资源，与体育舞蹈机构合作，在初一年级增设健身操课，在初三年级增设体能训练课。

第二章 学校德育课程的顶层设计

学校德育内容是德育活动能够发生、展开的起点，是学校德育的根本任务和德育目标得以实现的核心基础。学校德育内容顶层设计一定要遵循学生品德发展的特点和规律，根据不同年龄阶段的学生达到的水平，由浅入深、由低级到高级安排德育内容，使之序列化。

同时德育教育任务复杂，内容多样，教育资源及其来源的丰富，加之教育对象的主体性、能动性，几方面都要求对德育活动从顶层设计，有专门的管理，通过计划、组织、协调、沟通等环节来保持德育组织的良好机能状态和教育者良好的精神状态，以提高德育效率，增进德育的实效。

学校德育顶层设计指的是依据党和国家的教育方针，基于学校办学理念和培养目标，从学校层面上系统考虑德育各环节和各要素的关系及作用，注入育人价值，系统构建学校德育。

学校德育顶层设计作为进一步增强学校德育实效性的战略手段，具有以下特点。首先，严密的逻辑性。系统性思维讲究严密的逻辑性，所以，学校德育顶层设计不仅要清晰描述学校德育的"终极目标"是什么（德育科学），更要明确回答学校德育"取得实效"是因为什么（德育哲学）；

不仅要有合理的德育理念、价值观及文化，更要有具体可操作的方法。要按照德育目标，有针对性地提出系统、清晰、具体的实施措施。其次，是明确的可操作性。顶层设计必须从实际出发，再回到实际中来，所有的设计方案及每一项德育活动或者德育工作都要有措施，都要能归结到可执行的要素"5W2H"上，即明确所要执行的是什么任务（what）、为什么要做（why）、何时开始（when）、从哪里入手（where）、由何人负责（who）、如何去做（how）、要花多少时间和资源（how much），保证执行不出偏差，以此确保具体执行者能够充分把握战略。

▶ 一、学校德育目标的顶层设计

教育部 2017 年颁布的《中小学德育工作指南》规定德育的总目标：培养学生爱党爱国爱人民，增强国家意识和社会责任意识，教育学生理解、认同和拥护国家政治制度，了解中华优秀传统文化和革命文化、社会主义先进文化，增强中国特色社会主义道路自信、理论自信、制度自信、文化自信，引导学生准确理解和把握社会主义核心价值观的深刻内涵和实践要求，养成良好政治素质、道德品质、法治意识和行为习惯，形成积极健康的人格和良好心理品质，促进学生核心素养提升和全面发展，为学生一生成长奠定坚实的思想基础。

《中小学德育工作指南》中关于初中德育的目标：教育和引导学生热爱中国共产党、热爱祖国、热爱人民，认同中华文化，继承革命传统，弘扬民族精神，理解基本的社会规范和道德规范，树立规则意识、法治观念，培养公民意识，掌握促进身心健康发展的途径和方法，养成热爱劳动、自主自立、意志坚强的生活态度，形成尊重他人、乐于助人、善于合作、勇于创新等良好品质。

显然，上述对中学德育目标的阐述已经十分清楚而且完整。但是，上述目标反映的是党和国家对青少年在政治、思想、品德等方面的总体要求，对学校、教师来说，还需要有进一步的可操作目标。

各阶段的德育目标还需进一步分解到具体课程、年级的具体教育目标之中。首先，德育目标的顶层设计要依据党和国家的教育方针，要了解国家对人思想道德的要求；其次，还要根据学校的办学理念和办学目标；最后，要符合本校学生的身心发展特点，不能脱离学生的实际情况。

（一）把握德育目标顶层设计的切入点

学校德育目标要完成顶层设计，必须选好切入点，这里关键的切入点是要处理好四个关系。

1. 要处理好继承、借鉴与创新的关系

学校德育目标的结构与层次，既要建立在对我国既往中小学德育目标的继承，又要根据我国社会现阶段的政治、经济、文化、社会发展的需要进行创新。

2. 要处理好个人发展与社会发展需要的关系

德育目标首先要关注个体自我发展、自我完善、自我幸福的需要。同时，为了人类长远的、整体的和根本的利益，也必须关注社会发展的需要。因此，学校德育目标顶层设计时要将个人发展需要与社会发展需要有机统一起来。

3. 要处理好整体性、层次性和序列性的关系

德育目标的整体性是指学校德育目标是由相互联系、相互影响的各学段、各年级目标及政治、思想、道德、法纪和心理健康教育等各类目标组成的整体系统。

德育目标的层次性是指同一目标在不同级次学校、班级的德育过程中，

具有高低不同的要求，要形成符合学校、班级实际的标准。各级学校、各学段、各年级德育目标要与相邻层级的目标纵向衔接、横向贯通、螺旋上升。德育目标的序列性是指把同一目标中不同层次的目标，按其高低的不同要求和顺序形成一个承前启后的序列。层次和序列是密不可分的。层次是形成序列的要素，序列是层次的系统化。

4.要处理好个体目标与社会目标的关系

德育目标从功能上可以分为个体目标和社会目标。

个体目标从层次上可以分为基本目标和高级目标，基本目标是帮助学生成为心理健康、有基本德行、人生观健康的人。高级目标是在此基础上，帮助学生成为有正确而坚定的道德和人生信仰的人。

社会目标从层次上分为基本目标和高级目标，基本目标就是帮助学生成为遵规守纪，有基本的权利义务意识及社会责任感的公民；高级目标就是在此基础上帮助学生成为有坚定的社会主义信念的人。

案例：北京芳星园中学德育内容顶层设计切入点

学校把初中生成长阶段比喻成竹子长根的阶段，借助家校社德育工作网络，逐步形成适合学情的"123556"竹君子德育体系，培育具有竹君子品格的五优中学生，以优秀的品德、优良的学业、优美的形体、优雅的气质、优异的技能为具体培养方向，全面推进育人工作。123556即"一中心、二品牌、三品格、五优秀、五内容、六途径"。

一中心：培养德智体美劳全面发展的社会主义建设者和接班人

二品牌：践行核心价值观（美德工程）、生命教育（社会协同教育）

三品格：修炼竹之品——团结、虚心、坚韧

五优秀：五优中学生——优秀的品德、优良的学业、优美的形体、优雅的气质、优异的技能

五内容：理想信念、核心价值观、心理健康教育、生态文明教育、中华传统文化

六途径：课程育人、活动育人、实践育人、文化育人、管理育人、协同育人

图 2-1　芳星园中学竹君子德育体系框架图

学校德育的总目标

学校着力培养认同中华文化，热爱祖国、热爱党，遵纪守规、热爱劳动、独立自主、乐学善学、坚韧虚心，善于合作、勇于创新、责任担当、身心健康、科学智慧、审美高雅、人文积淀的新时期"竹君子"。促进学生核心素养提升和全面发展，为成长奠定坚实基础。

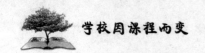
（二）把握德育目标设计的有机结合

芳星园中学竹之品五优中学生培养分阶段目标

芳星园中学五优中学生培养目标（竹之品格——团结、虚心、坚韧）		
培养目标	目标详解	分年级目标
优秀的品德	遵纪守规	初一：团结同学、诚实守信、遵守校规、乐于助人、认真劳动
	感恩合作	初二：拥有感恩之心、谦虚包容、乐于服务、良好沟通力、积极劳动
	责任担当	初三：勇于担当、挑战自我、善于反思、坚韧勤奋、慎独自律、主动参与校内外劳动
优良的学业	乐学善学	初一：学会自主预习复习、乐于合作、学习态度端正、按时完成作业
	实践创新	初二：自主预习复习、独立思考、认真高质完成作业
	勇于探究	初三：独立自主预习复习、研究学习规律、会总结学习方法
优美的形体	自我管理	初一：制订自我锻炼计划，自选1项运动项目，身心健康
	健康生活	初二：坚持每日锻炼计划，自选2项运动项目，身心健康
	珍爱生命	初三：独立坚持锻炼计划，熟练掌握2项运动技能，身心健康
优雅的气质	人文积淀	初一：制订自我阅读计划，自选1项艺术项目，坐行端正，谈吐文明
	审美高雅	初二：按计划自主阅读，自选2项艺术项目，坐行端正，谈吐文明、能用成语诗词
	科学智慧	初三：全面发展，有2项特长、坐行端正、谈吐文明、言之有据、引经据典
优异的技能	勇于探究	初一：制订自我劳动计划，参与4门劳动课，自选一门劳动技能居家练习
	实践创新	初二：按计划完成全部劳动课程，完成班级及居家劳动技能活动
	科学智慧	初三：6门劳动技能全部完成，能独立自主完成各项劳动活动

▶二、学校德育内容的顶层设计

学校德育内容是德育活动能够发生、展开的起点，是学校德育的根本任务和德育目标得以实现的核心基础。学校德育内容顶层设计通常要遵循学生品德发展的特点和规律，根据不同年龄阶段的学生达到的水平，由浅入深、由低级到高级安排德育内容，使之序列化。在同一内容上，依据学生的层次区别，提出不同的德育要求，使之层次化，从而真正促进学生思想品德的形成和发展。

（一）德育内容"教什么与学什么"

德育内容是教育者用来教育受教育者的资源。

根据德育外延与内涵的不同，学校德育内容可以分为政治、思想、道德、法纪、生态文明和心理健康教育。根据德育各要素的内部结构不同，还可以将政治、思想、道德、法纪、生态文明和心理健康教育内容进一步分解，如将道德教育内容分解为认知、情感、意志、信念和行为教育内容。根据实现途径不同，学校德育内容可分为课程德育内容、文化德育内容、活动德育内容、实践德育内容、管理德育内容、协同育人内容。

课程德育内容可分为显性德育内容、隐性德育内容，还可以分为德育课程德育内容、学科课程德育内容、活动课程德育内容；非德育课程内容又分为班主任、共青团、少先队、学生会、班委会、团支部、家校协会、社会资源或其他社团组织的工作内容。根据教育主体不同，德育内容可分为党和国家有关部门确定的德育总内容，学校根据党和国家教育方针及学校自身特点确定的较具体的内容，德育工作者根据前两者的要求以及结合自己对德育目标的理解确定的具有较强操作性的德育内容。

《中小学德育工作指南》中规定德育内容包括五方面：①理想信念教育；②社会主义核心价值观教育；③中华优秀传统文化教育；④生态文明教育；⑤心理健康教育。

（二）"接地气"的德育内容设计原则

学校德育内容顶层设计要遵循学生品德发展的特点和规律，根据不同年龄阶段的学生达到的水平，由浅入深、由低级到高级安排德育内容，使之序列化。在同一内容上，依据学生的层次区别，提出不同的教育要求，

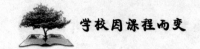

使之层次化，从而真正促进学生思想品德的形成和发展。反之，将会事倍功半或徒劳无功。

通常应该遵循以下原则。

1. 客观性与主体性相结合的原则

客观性是学校德育内容顶层设计的首要原则，如果背离了这一原则，脱离了人类社会发展和人的发展的客观规律和要求，德育内容就会因"无根性"而失去生命力；如果忽视学生的需要，德育便成了教育者的"独白"，德育的实效性就会因主体的缺场而事倍功半。因此，学校德育内容的顶层设计既要遵循德育的客观规律，又要尊重学生的主体需求，坚持客观性与主体性的有机统一。

2. 整体性与层次性相结合的原则

整体性是指德育内容体系是一个包括多层级、多维度的整体，具有整体功能的优势；层次性是指不同层级的德育内容及其难度因教育阶段的不同而不同，同一层级的内容及其难度因学生身心发展水平的个体差异而不同。学校德育内容顶层设计坚持整体性与层次性相结合，就是既要考虑各个阶段德育内容的纵向衔接，又要考虑各个阶段德育内容的完整性及层次性。

3. 现实性与超前性相结合的原则

现实性与超前性相结合是指学校德育内容顶层设计既要考虑现实社会、学校、学生的需要，又要适当高于现实社会、学校、学生的需要。

如果德育内容不立足于现实社会、学校、学生的实际情况，学校德育就会流于空泛的"说教"，缺乏针对性和实效性；如果德育内容缺乏适当的超前性，仅仅就事论事，学校德育就会失去导向性和预见性。因此，德育内容顶层设计时，一方面要加强对社会、学校、学生的现实情况和存在问题的研究，增强德育的现实生命力；另一方面要结合社会、学校、学生的发展趋势，增强德育应对未来的生命力。

4. 稳定性与灵活性相结合的原则

稳定性与灵活性相结合是指学校德育内容顶层设计既要根据党和国家的教育方针、德育目标和学生年龄特征确定相对稳定的内容，又要根据社会形势和学生思想发展变化的实际，灵活地确定某些内容。一方面，人的素质的形成需要一个相对稳定的知识体系，没有稳定的内容，就难以对德育进行科学的计划和安排，出现盲目性和主观随意性；另一方面，学校德育也必须结合社会发展和学生思想的实际变化，紧跟社会热点和学生的思想问题，及时开展教育，增强德育的针对性。

（三）德育内容的顶层设计的4个依据

1. 要依据社会政治、经济与文化发展的状况

任何社会的德育内容，归根结底是由当时的社会政治经济条件所决定的，反映的是一定社会的政治经济制度对青少年一代在品德方面的要求。一定社会的政治经济制度决定着德育内容的性质，这一点古今中外概莫能外。一般说来，根据德育目的、学校德育目标以及学生身心发展特点和思想道德发展水平确定的学校德育内容是基本的、相对完整的和稳定的。但是由于不同时期国内外形势的不同，国家在各个历史时期的中心任务和方针政策也不同，学校德育内容只有相应调整，才能满足社会发展和学生发展的需要。

比如，当前国际国内意识形态领域的矛盾和斗争更加复杂，青少年学生无疑会受到多元价值观、极端个人主义、拜金主义、享乐主义等思想的影响，这对学校德育提出了要更加重视道德观、价值观、人生观、世界观、政治观等教育的新要求。

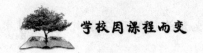

2. 依据社会多元文化传统和文化背景

一是学校德育内容要弘扬中华优秀传统文化。要将我国的传统美德、民族精神以及社会主义核心价值观等在社会乃至全球进行广泛的宣扬传播，在社会公民心中形成广泛的认知和认同，不断增强我国民族文化的普遍认同意识。需要明确的是，弘扬中华优秀传统文化不是单纯的"复古"，而是要有选择地对我国优秀的文化进行弘扬，与此同时，还需要以开放的思想和行动尊重多种文化的交流，在不断相互学习和交流之中寻求共同发展。

二是学校德育内容要尊重并认同主流文化。在现实社会生活中，人类往往都有一定的共同价值观，这些文化价值观被人们所认同并得到了广泛的传播。因此，如何寻求到人类普遍认同的价值观也是道德价值的关键所在，这种普遍认同的文化价值观往往可以被称为主流文化，主流文化在社会生活中一般都具备较强的生命力，并承担着重大的社会责任。道德教育也需要承担起进行主流文化教育的责任，让主流文化在社会生活中发挥其应有的积极效应。

3. 依据学校德育目标

德育内容是为达到预期的德育目标服务的，因而，德育内容必须服从并服务于德育目标，德育目标是确定德育内容的直接依据。因此，学校德育内容必须根据德育目的、学校德育目标的要求来确定。

4. 依据学生身心发展、品德发展水平和认知能力

教育的对象是学生，确立德育内容必须考虑学生的身心发展水平、品德发展的特点、规律以及学生不同年龄阶段的认知水平。只有遵循学生品德发展的规律和年龄特点，使德育内容的深度和广度与学生品德的"最近发展区"相耦合，才能使德育内容为学生所接受，才能使德育成为发展性的德育。

◉三、学校德育途径的顶层设计

学校德育到底可以通过哪些渠道育人？这里的渠道就是我们说的德育途径。可以说德育的途径承载了德育内容、目标实现、德育方法、手段依附。德育内容可以有多条途径实现，有主有辅协调配合，分工合作形成合力。

（一）德育的基本实施途径——以《中小学德育工作指南》为指导

1.课程育人

充分发挥课堂教学的主渠道作用，将中小学德育内容细化落实到各学科课程的教学目标之中，融入渗透到教育教学全过程。

严格落实德育课程。按照义务教育、普通高中课程方案和标准，上好道德与法治、思想政治课。

要围绕课程目标联系学生生活实际，挖掘课程思想内涵，充分利用时政媒体资源，精心设计教学内容，优化教学方法，发展学生道德认知，注重学生的情感体验和道德实践。

要根据不同年级和不同课程特点，充分挖掘各门课程蕴含的德育资源，将德育内容有机融入各门课程教学中。

例如，语文、历史、地理等课要利用课程中语言文字、传统文化、历史地理常识等丰富的思想道德教育因素，潜移默化地对学生进行世界观、人生观和价值观的引导。

数学、科学、物理、化学、生物等课要加强对学生科学精神、科学方法、科学态度、科学探究能力和逻辑思维能力的培养，促进学生树立勇于创新、求真求实的思想品质。

音乐、体育、美术、艺术等课要加强对学生审美情趣、健康体魄、意

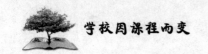

志品质、人文素养和生活方式的培养。

外语课要加强对学生国际视野、国际理解和综合人文素养的培养。

综合实践活动课要加强对学生生活技能、劳动习惯、动手实践和合作交流能力的培养。

2. 文化育人

要依据学校办学理念，结合文明校园创建活动，因地制宜开展校园文化建设，使校园秩序良好、环境优美，校园文化积极向上、格调高雅，提高校园文明水平，让校园处处成为育人场所。

优化校园环境。

学校校园建筑、设施、布置、景色要安全健康、温馨舒适，使校园内一草一木、一砖一石都体现教育的引导和熏陶。

营造文化氛围。

凝练学校办学理念，加强校风教风学风建设，形成引导全校师生共同进步的精神力量。

建设网络文化。

积极建设校园绿色网络，开发网络德育资源，搭建校园网站、论坛、信箱、博客、微信群、QQ群等网上宣传交流平台，通过网络开展主题班（队）会、冬（夏）令营、家校互动等活动，引导学生合理使用网络，避免沉溺网络游戏，远离有害信息，防止网络沉迷和伤害，提升网络素养，打造清朗的校园网络文化。

3. 活动育人

要精心设计、组织开展主题明确、内容丰富、形式多样、吸引力强的教育活动，以鲜明正确的价值导向引导学生，以积极向上的力量激励学生，促进学生形成良好的思想品德和行为习惯。

开展节日纪念日活动。

利用春节、元宵、清明、端午、中秋、重阳等中华传统节日以及二十四节气，开展介绍节日历史渊源、精神内涵、文化习俗等校园文化活动，增强传统节日的体验感和文化感。

开展仪式教育活动。仪式教育活动要体现庄严神圣，发挥思想政治引领和道德价值引领作用，创新方式方法，与学校特色和学生个性展示相结合。

要结合各学科课程教学内容及办学特色，充分利用课后时间组织学生开展丰富多彩的科技、文娱、体育等社团活动，创新学生课后服务途径。

4. 实践育人

开展各类主题实践。

利用爱国主义教育基地、公益性文化设施、公共机构、企事业单位、各类校外活动场所、专题教育社会实践基地等资源，开展不同主题的实践活动。

加强劳动实践。

在学校日常运行中渗透劳动教育，积极组织学生参与校园卫生保洁、绿化美化，普及校园种植。

将校外劳动纳入学校的教育教学计划，小学、初中、高中每个学段都要安排一定时间的农业生产、工业体验、商业和服务业实习等劳动实践。

组织研学旅行。

把研学旅行纳入学校教育教学计划，促进研学旅行与学校课程、德育体验、实践锻炼有机融合，利用好研学实践基地，有针对性地开展自然类、历史类、地理类、科技类、人文类、体验类等多种类型的研学旅行活动。

发挥本校团组织、少先队组织的作用，抓好学生志愿服务的具体组织、实施、考核评估等工作。

做好学生志愿服务认定记录，建立学生志愿服务记录档案，加强学生

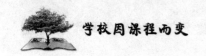

志愿服务先进典型宣传工作。

5. 管理育人

积极推进学校治理现代化，提高学校管理水平，将中小学德育工作的要求贯穿于学校管理制度的每一个细节之中。

完善管理制度。

制定校规校纪，健全学校管理制度，规范学校治理行为，形成全体师生广泛认同和自觉遵守的制度规范。

制定班级民主管理制度，形成学生自我教育、民主管理的班级管理模式。

班主任要全面了解学生，加强班集体管理，强化集体教育，建设良好班风，通过多种形式加强与学生家长的沟通联系。各学科教师要主动配合班主任，共同做好班级德育工作。

加强师德师风建设。

培育、宣传师德标兵、教学骨干和优秀班主任、德育工作者等先进典型，引导教师争做"四有"好教师。

实行师德"一票否决制"，把师德表现作为教师资格注册、年度考核、职务（职称）评审、岗位聘用、评优奖励的首要标准。

6. 协同育人

要积极争取家庭、社会共同参与和支持学校德育工作，引导家长注重家庭、注重家教、注重家风，营造积极向上的良好社会氛围。

加强家庭教育指导。

要建立健全家庭教育工作机制，统筹家长委员会、家长学校、家长会、家访、家长开放日、家长接待日等各种家校沟通渠道，丰富学校指导服务内容，及时了解、沟通和反馈学生思想状况和行为表现，认真听取家长对学校的意见和建议，促进家长了解学校办学理念、教育教学改进措施，帮助家长提高家教水平。

构建社会共育机制。

要主动联系本地宣传、综治、公安、司法、民政、文化、共青团、妇联、关工委等部门、组织，注重发挥党政机关和企事业单位领导干部、专家学者以及老干部、老战士、老专家、老教师、老模范的作用，建立多方联动机制，搭建社会育人平台，实现社会资源共享共建，净化学生成长环境，助力广大中小学生健康成长。

（二）德育途径顶层设计原则

1. 以教师为主导的原则

学校德育途径顶层设计以教师为主导的原则，体现在教书育人途径、管理育人途径和服务育人途径三方面。

教书育人就是指教师在教学过程中，按照一定的目标，培养学生科学文化素质和思想政治素质。寓德育于智育、体育、美育之中，是教书育人的基本形式。

管理育人就是指学校的管理者围绕育人的根本任务，通过加强管理途径，对学生施以积极的影响。学校的管理部门要把握正确的教育方向，制订合理的育人方案，组织和实施育人工作。

教师要尊重学生的人格，找准自己的位置，当好"导师"和"朋友"，不当"法官"和"保姆"。尊重人格就要建立平等和谐的师生关系；找准位置就要正确处理"主导"与"主体"的关系，准确把握"积极引导"与"大包大揽"的区别、"严格要求"与"尊重主体"的区别。

2. 以学生为主体的原则

学校德育途径顶层设计以学生为主体是指教育者引导学生积极主动地参与德育过程，形成道德判断、道德选择等社会道德生活的能力，实现教

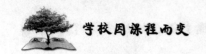

育与自我教育高度统一的德育方法和形式。

学校德育途径顶层设计以学生为主体的基本策略是指教育者在实施主体性德育的过程中，对受教育者的道德现状做科学分析后，依据具体情况，通过一定的观察、判断，然后规划和设计德育活动的相应内容和形式，这是解决问题的决策，是德育的艺术技巧。在学校和班级管理中，积极发挥学生的参与作用和主体作用；在教学中，要以学生为中心，激发每一个学生参与教学活动的积极性；在丰富多彩的活动中，要培养学生的主人翁意识和集体荣誉感，提升学生自我教育的能力，让学生自己管理自己。

3.学校、家庭、社区密切配合的原则

学校办学不是在真空中进行的，它要和外界环境进行合理、有效和良性的互动。德育亦如此。要将德育实效性的目标投向更为广阔的社会，去研究和探索家庭、社区对学校德育的影响，以期为学校发展提供更加有利的外部环境。在学生的学习成长过程中，最早接受的是家庭教育，起主导作用的是学校教育，而影响最广泛的是社会教育。

教育是一个大系统，德育作为它的一个子系统，要从根本上解决德育与家庭、社会相脱节的问题，打破封闭式学校德育，必须建立一种学校、家庭、社会相结合的学校德育，形成学校、家庭和社会"三位一体"的德育网络，实现学校、家庭和社会教育的和谐统一。因此，协调这三方的教育力量并形成合力，使之围绕学校的培养目标展开教育活动，顶层设计学校德育途径是学校的重要工作。

案例：芳星园中学竹君子德育培养途径顶层设计

（三）全科融合，课程育人

1.建设竹品课堂，落实课堂主渠道育人

竹品课堂是学校落实核心素养、践行育人目标的主渠道。学校竹语轩教师研修院团队在充分调研讨论后，将竹子的品德与核心素养相融合，提炼出8条竹品课堂标准。并在深入剖析"五优"中学生培养目标基础上，结合竹之品将学校总体课程命名为竹君子课程。全面践行优秀的品德、优良的学业、优美的形体、优雅的气质、优异的技能竹君子培养工作。

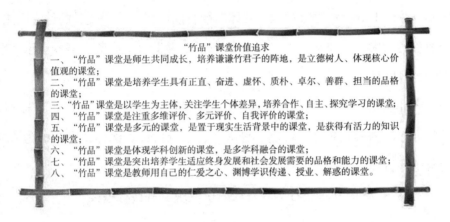

"竹品"课堂价值追求

一、"竹品"课堂是师生共同成长，培养谦谦竹君子的阵地，是立德树人、体现核心价值观的课堂；

二、"竹品"课堂是培养学生具有正直、奋进、虚怀、质朴、卓尔、善群、担当的品格的课堂；

三、"竹品"课堂是以学生为主体，关注学生个体差异，培养合作、自主、探究学习的课堂；

四、"竹品"课堂是注重多维评价、多元评价、自我评价的课堂；

五、"竹品"课堂是多元的课堂，是置于现实生活背景中的课堂，是获得有活力的知识的课堂；

六、"竹品"课堂是体现学科创新的课堂，是多学科融合的课堂；

七、"竹品"课堂是突出培养学生适应终身发展和社会发展需要的品格和能力的课堂；

八、"竹品"课堂是教师用自己的仁爱之心、渊博学识传递、授业、解惑的课堂。

图2-2 芳星园中学竹品课堂价值追求

竹君子课程分为基础类、拓展类、核心专业三大类，全面落实核心素养培养。其中基础类为全体学生必修的国家课程校本化实施及"美德工程"、生命课程；拓展类为学生自选课程、实践必修课、德育微课程；核心专业类为部分德育课程，科研院所支持下的个性化深度学习课程。

图2-3 芳星园中学竹君子课程体系图

基础类课程是竹品课堂实施的主渠道。竹品课堂的核心宗旨是发挥全学科课程德育功能，在课堂教学中优化教学方法，引导学生自主学习，设立分层学习目标和分层自主评价量规，依据各年级修炼主目标落实团结、虚心、坚韧的竹之品，落实五优中学生培养目标。

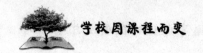

2. 拓展项目研究，优化学科德育

党的十八大明确提出"把培育和践行社会主义核心价值观融入国民教育全过程"。北京芳星园中学组织全体教师学习、讨论，各学科基于学科课程标准和学科教学德育指导纲要，制定出《北京市芳星园中学社会主义核心价值观学科德育目标框架》，促全体教师将社会主义核心价值观内化于心、外化于行，发挥课堂信息载体功能，挖掘教材中所蕴含的德育因素，全面落实六大核心素养，在课堂教学中积淀学生人文底蕴，培养勇于实践创新的科学精神。

《北京市芳星园中学社会主义核心价值观学科德育目标框架》包含以下四方面的内容：单元、课题、融入点、德育目标。例如，表2-1为语文学科德育目标框架。

语文学科社会主义核心价值观德育目标框架

八年级上

单元	课题	融入点	德育目标
第一单元	1. 消息二则	爱国	感受人民解放军英勇无畏的献身精神
	2. 首届诺贝尔奖颁发	敬业	向诺贝尔奖获得者们学习为科学、为人类做出巨大贡献的精神
	3. 飞天凌空	爱国	感受我国跳水运动员风采，增强民族自豪感
	4. 一着惊海天	爱国	感受我国航母首架次成功着陆，增加爱国情感
第二单元	5. 藤野先生	爱国	感悟先生热诚正直的人品，体会作者的爱国情怀
	6. 回忆我的母亲	友善	学习朱德母亲的待人友善
	7. 列夫·托尔斯泰	敬业	感受托尔斯泰深邃而卓越的精神世界，从中受到敬业的启迪和熏陶
	8. 美丽的颜色	敬业	学习居里夫人对科学的坚守与乐观以及为科学敬业献身的精神
第三单元	9. 三峡	爱国	感受三峡雄伟的气势，培养热爱祖国河山的情感
	10. 答谢中书书	爱国	感受作者热爱山水的情感，培养爱国主义情怀
	11. 记承天寺夜游	和谐	感受作者面对逆境时纵情山水，与自然和谐相融的情怀
	12. 与朱元思书	爱国	培养热爱祖国传统文化、热爱祖国大好河山的情感和审美情趣
	13. 唐诗五首	爱国	感受中国古代诗人情怀，感悟祖国传统文化内涵，激发爱国主义情怀

续表

单元	课题	融入点	德育目标
第四单元	14. 背影	和谐	感知父亲的形象，体会父子之间的深厚情感
	15. 白杨礼赞	爱国	感悟作者对广大抗日军民的崇敬与赞美之情
	16. 永久的生命	敬业	人类的生命是永久的，要用短暂的生命创造永久的价值
	17. 我为什么而活着	敬业	理解作者崇高的品质和博大的胸襟，树立正确的人生观和价值观
	18. 昆明的雨	爱国	感悟作者的情感，培养热爱大自然、热爱美好生活的思想感情

完善竹君子德育课程体系，设立项目组开展六系列九主题项目的德育课程课题研究工作，引导教师当好课程的设计者、组织者、参与者和评价者。落实理想信念、社会主义核心价值观、中华传统文化、生态文明、心理健康五大德育内容。

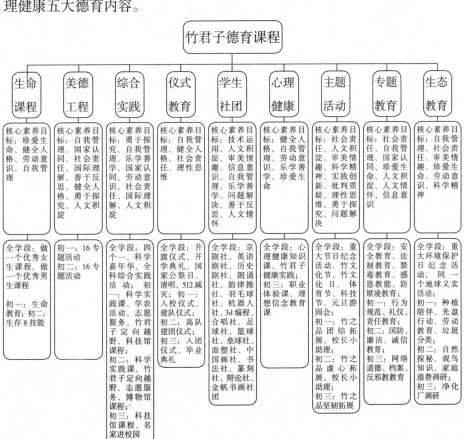

图 2-4　芳星园中学竹君子德育课程体系图

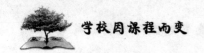

3. 开发美德工程，全员参与特色课程建设

美德工程是学校基础课程中的竹根，它全面兼顾教师与学生团队的长远发展。与"社会主义核心价值观课程"相结合，是学生入校后的必修课程。这一课程获得北京市未成年人道德思想建设创新提名。自2007年研发至今已开设14年，32位授课导师覆盖学校干部、行政（校医、财务、教务）及所有学科，全校走班授课开展全体学生体验式活动，挖掘身边榜样。内容涵盖社会主义核心价值观和竹君子阶段育人目标。

芳星园中学竹君子美德工程主题图表

美德题目	授课教师	美德题目	授课教师	美德题目	授课教师	美德题目	授课教师
富强	韩明（体育）	民主	温明娜（英语）	文明	王梅（数学）	和谐	胡娣（音乐）
自由	马玥（生物）	平等	张妍（音乐）	公正	宋莉莉（政治）	法治	吴雨（地理）
爱国	何颖雯（教务）	敬业	何瑛瑶（美术）	诚信	李霞飞（政治）	友善	王甦（财务）
宽容	刘庆梅（信息）	创新	李越（团委）	帮助	张海英（语文）	服务	宋化霖（音乐）
耐心	曾庆超（美术）	孝顺	张胜英（校医）	真诚	高雅丽（语文）	秩序	蔡青（教学主任）
虚心	刁春江（副校长）	坚韧	徐健（德育主任）	勇气	吕欣（语文）	责任	赵凤强（总务主任）
自信	冯俊娜（语文）	优秀	谭蕊（英语）	爱心	岳莉莉（科研主任）	服从	耿芳（物理）

（四）习竹之品，文化育人

1. 铸造以竹育人文化烙印

新生入学，德育处会对学生和家长分别进行"竹文化"专题讲座。对文化建设中的四个原则（育人性、整体性、特色性、发展性），一个核心（校训：清雅似竹、谦虚若竹、至纯至正、至真至善）和五个目标（雅致化、全面化、全程化、全员化、常态化）结合办学理念及五优中学生育人目标进行解读，对学生进行文明礼仪、理想信念、行为规范教育。各班设计班级口号和班级目标，让竹文化在孩子们日常学习生活中得以浸润。

一个核心：清雅似竹、谦虚若竹、至纯至正、至真至善。将竹化为人生追求的精神目标，学习竹子团结、虚心、坚韧的优良品格；把竹子的品格化为对孩子们每年成长的具体标准，让每个孩子都争取去做一名具有竹君子品格的五优中学生。

图 2-5 芳星园中学竹文化目标解读图

2. 营造全纳竹品的物质与精神文化

通过竹文化建设的五个目标，在三年学习中将竹之品（团结、虚心、坚韧）五优中学生培养落实在学校课程、活动、工作中。通过各年级月度竹君子、五优中学生等榜样评选，在走廊、班级、校园各处展示每个人都有闪光点的竹林文化。通过竹语微信号、抖音号、竹语校报，刊登报道学生的作品和各种活动。通过校徽、校旗、校歌、竹林长廊、竹语轩、竹君子风采亭等环境建设让学生看到校园环境美、绿、净、亮，处处见竹，全面营造雅致育人环境。以四大教师研修院为载体，培养敬业乐群谦逊进取的竹之品教师团队，让竹文化研修常态化。

以竹叶组成的校旗

师生共创竹语校歌

竹君子德育课程

图 2-6 芳星园中学竹文化标识图

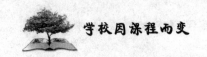

（五）全纳多样，活动育人

1. 以凸显每个学生闪光点为目标开展主题活动

全方位落实"五育并举"目标，组织开展"竹文化节""竹语艺术节""读书节"活动，亮出每个人的独特闪光点，展示竹君子风采，展现学生优美的形体和优雅的气质。策划"非遗文化进校园"系列活动，邀请京剧院、评剧院等戏曲名家进校园，邀请面塑大师传承人、剪纸名家、篆刻名家入校指导中国画、硬软笔书法、篆刻、剪纸、面塑等非遗技巧，培养学生掌握两项艺术特长，引导学生了解中华优秀传统文化的渊源、发展、内涵，树立学生文化自信与认同感。

开设艺体科劳生命与生态等领域核心专业类社团课程，为学生提供个性化成长服务，执行学分制，培养学生自我管理、劳动意识、乐学善学、批判质疑、实践创新、技术运用、问题解决等能力。

图 2-7　芳星园中学竹语社团初一年级 LOGO 展示图

组织开展"竹娃闯关体育狂欢节""竹娃体育定向越野挑战赛"等活动，培养学生珍爱生命、自我管理，勇于向五优中学生迈进品质。研发"生存技能研习坊"8 种生存体验课活动，培养学生解决问题、勇于探究、劳动技能、积极应对压力的良好心态。组织开展科学嘉年华、"竹林游园秀"

活动，促进学生形成良好的学习品质、理性思维、科学精神、批判质疑、实践创新能力。增强学生的国家认同感、国际理解能力。

2. 以仪式教育为引领开展行走的思政课活动

开展竹娃入学仪式、竹君子授徽毕业仪式活动，培养学生自我管理、珍爱生命的品质及爱校情怀。以国旗下讲话系列活动培养学生爱国、爱党情怀。组织初一学生赴卢沟桥抗战馆举行"童心向党，不忘初心"少先队建队仪式。组织初三学生五四青年节赴北大红楼举行入团仪式活动。组织初二学生赴圆明园举行"铭记历史，不负青春"离队建团活动。开展以党建带团建明确入团"六要"，入团前观看天安门升旗活动。组织全校开展国家安全教育日、国家公祭日"牢记历史，珍爱和平"教育活动。通过重要仪式教育，培养学生国家认同感、人文积淀、社会责任和使命感。

3. 以节日纪念日为契机开展文化活动

开展"竹娃学雷锋志愿""五四火炬""最后一个儿童节""七一红星""致敬八一""摘下心爱的红领巾"等离队建团、红色纪念日活动。组建学生会和少年团校，以优秀党员讲团课树立道路自信、制度自信。培养学生爱国、爱党、爱校情怀，引导学生继承革命传统，传承红色基因，增强竹君子团结、虚心、坚韧的优秀品质。

开展"清明节朗诵会""端午粽飘香""元宵猜灯谜""元旦游园会""中秋诗会""重阳登高""春分立蛋"等诵经典、展书画、包粽子饺子月饼综合活动。活动后把作品带回家和亲人一起分享，用"小手拉大手"传承传统文化。培养学生人文积淀、人文情怀、劳动意识、文化认同感，增强文化自觉和文化自信。

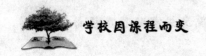

（六）主题引领，实践育人

1. 以"竹看天下"体验式研学开展实践活动

结合北京市"四个一"活动及综合实践活动课程要求，开展"走进博物馆，寻找我最喜爱的宝贝"研究性学习实践活动。组织学生分年级走进科技馆、百工坊、劳技中心、职教中心、农庄、美院、银行、法院、音乐厅、展览馆、军博、消防队等德育基地开展职业体验研学旅行活动。跟随北京市教委交流中心出访境外进行文化交流活动。培养学生对职业的理解，对国防设施、安全设施的认知，增强对国家认同、对每个人的社会责任、对国际不同文化的理解、对社会劳动的意义等理性认知，培养学生珍爱生命、拥有远大理想和健全人格的品质。

2. 以"竹叶"志愿者参与式服务开展实践活动

根据竹君子培养要求成立"竹叶志愿服务队""兼明茶吧校长小助理"志愿团，引领学生增强责任感，培养学生勇于承担、甘于奉献、乐于助人的领导力。

3. 以"竹子共生长"项目学习开展主题实践活动

开展廉洁、环保、心理、防灾、防欺凌、爱国、绿色上网、防邪教、生命教育等专题教育。开展"地球日""世界水日""环保日"爱心义卖活动普及生态文明教育。在读书日等世界纪念日开展全员参与的经典诵读系列活动。开展"竹林生存挑战赛"，以提高学生生存能力为目标设计劳动教育生存技能课程，组建导师团队教授学生野外生存技能，以学生喜爱的方式开展劳动技能课。引导学生分担家务和每日参与校园保洁工作。

（七）民主自治，管理育人

1. 规范竹君子培养机制，落实全员育竹

"北京市初中生道德赋能教育实验"课题是由北京教育科学研究院德育研究中心引领实施的德育项目，2013年学校加入实验校，在市区专家指导下针对德育课程如何提高初中学生综合能力开展跟进式实践研究，三年研究共计集中培训30余次，全部专任教师参与课题研究。通过研究学习，学校也逐步形成以竹育人德育体系，9大类德育课程日趋完善。

落实教育部、市区关于中学生日常管理及未成年人保护法等的规定，完善德育制度，将德育工作贯穿于每一个细节。

一是制定《芳星园中学学生一日常规》《竹君子评选规定》《五优中学生评选规定》《优秀班级文化评选规定》《优秀班集体评选规定》等，各年级各班据此建立班级公约，引导学生自我管理、知行合一，完成班级自治。

二是参与区级德育课题"班本化导师共同体"行动研究，通过班级所有授课教师组建的团队对学生生活、思想进行引导，对学生学习方法、学习能力进行指导，对学生心理健康、同伴交往进行疏导。落实全员育人，发现每个学生的闪光点，为学生成为团结、虚心、坚韧的五优中学生保驾护航。

2. 以研促改民主自治，增强育竹队伍素养

教师作为学生成长过程中重要的引路人，是"竹林"成长的阳光。学校多年以项目式研究开展师能师德培训，以竹语轩教师研修院四个分院自治增强育竹教师团队素养。开展师德先进、教师月度竹君子、年度最美教师评选活动。举办"学习身边榜样，共筑竹语人生"师德先进演讲活动。实行师德"一票否决制"，把师德表现作为育人达标的首要标准。

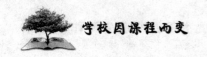
（八）多方联动，协同育人

重视家校社会共育，发挥协同育人功能。邀请家长参与竹语德育课程9大板块建设，参与竹文化节、体育节等亲子活动。依托竹语家委会、家长学校开展竹君子健康成长护航活动，评选竹君子好家长、竹君子好家庭。关爱特殊群体，重视学生心理健康，提供心理辅导，邀请优秀毕业生入校开展德育故事屋等活动，健全学生人格，引导学生似竹一样坚韧成长。

四、学校德育方法的顶层设计

如果说德育的途径承载了德育内容、目标实现、德育方法、手段依附，那么德育方法回答的是采取什么样的具体方式传递德育影响，实现德育目标的问题。两者共同回答德育实施中"如何教与如何学"的问题。

所谓德育方法指的是教育者在德育活动中，把一定社会的政治准则、思想观点、道德素养、法纪规范和心理需求，转化为受教育者个体的政治素质、思想素质、道德素质、法纪素质和心理素质的教育所运用的方式与手段的总称。

要正确理解德育方法的概念，首先要厘清德育方法与德育方式、德育方法与德育手段以及德育方法与德育目标之间的关系。

德育方法在生动和具体的德育过程中可以分解为一系列具体的活动细节或组成部分，我们称为德育方式。德育方法可以理解为具体德育方式的合理组合。

德育方法与德育手段也是相互区别和联系的一对概念。德育手段主要是指道德教育活动的工具、载体及其应用，如直观教具、阅读材料、辅助读物、艺术作品、多媒体及网络等。教育方法、德育方式之所以能够丰富多彩，原因之一就是教育手段的形式多样，灵活运用的余地较大。德育方法不仅是教育方式的组合，也是教育手段的有联系的组合。同一教育手段也可以从属于不同的教育方法、德育方法，为不同的德育方法所采用。

（一）德育方法顶层设计原则

1.适应与引导相结合原则

学校德育工作的基本任务，是要通过一定的方法，引导广大青少年学生树立正确的政治立场、思想观念和道德规范。与此同时，学校德育工作又强调要适应青少年学生的身心特征，要适应青少年学生的思想实际，灵活运用方法，有的放矢，才能有所成效。

然而，在学校德育工作实践中，却经常能发现一些教师的偏颇，把引导与适应不自觉地对立了起来。强调引导时，便忘记了说服教育的德育方法也要针对学生思想实际，而变成了教师对学生的"灌输"；强调适应时，又忘记了教师的根本职责还是引导，不自觉地降低了学校德育工作的起点，把适应变成了"迎合"。显然，在学校德育方法顶层设计要选择和应用时，兼顾适应与引导是一个十分值得注意的问题。

2.疏与堵相结合的原则

长期以来，在我们的学校德育工作中，"堵"的做法十分盛行。许许多多的规章制度中列出了一条又一条以"不准"开头的规定：不准佩戴首饰，不准在走廊上大声喧哗……反映在德育方法上，则是以教师的"说教"为主；谈话总是以指出学生的错误开始，由学生保证今后不再犯而告终。

"疏"是学校德育工作中的重要方法。通过倾听学生的观点、看法，帮助学生实事求是地分析问题，疏通学生的思想认识，解除思想障碍，提高思想觉悟。显然，疏与堵是矛盾的两个对立面。作为一个学校德育工作者，必须把握好这两者的关系。

首先，要对"堵"有正确的理解和认识。堵不是学生有了问题之后再采取的手段、方法，而是要堵住可能导致学生产生问题的根源，即所谓"防患于未然"。堵更不是对学生的问题简单地加以制止的办法。当学生发生过失行为以后，为了防止错误的继续扩大，可以采取先堵一下的办法，但这仅仅是权宜之计，关键还是要疏。堵只能治标，疏才能治本。

其次，疏是建立在师生平等的基础上的，体现了对学生的理解与信任，但疏也不是目的。而是要通过疏通，广开言路，让学生把存在的思想问题暴露出来，然后，根据学生的实际情况，进行有针对性的引导。如果只疏不导，同样难以使学生的政治、思想、道德素质得到提高。

学校德育方法的顶层设计要辩证地看待"疏与堵"，我们反对堵，是反对用压制、压服的德育方法去解决学生思想中存在的问题；我们提倡疏，是主张用说服、劝导的德育方法去解决学生的思想问题，并通过正确的引导，使学生树立正确的思想道德观念。

3. 理与情相结合的原则

为了学校的德育工作能有序进行，需要有相应的规章制度，因此在德育方法的顶层设计时应坚持以理服人，对学生进行说理教育。

情感，是联系教师与学生的一条十分重要的纽带。只有当教师真诚地热爱学生、关心学生、尊重学生、信任学生时，学生才会对教师产生认同心理，并乐于接受教师提出的要求。而且，还会产生迁移，使学生形成自尊、自爱、上进的良好心理品质，成为学生积极向上的内在动力。因此情感教育应该成为学校德育工作的重要方法之一。

在学校德育工作中，也出现了过分夸大情感作用的倾向，似乎师生间的情感交流成了唯一的德育方法，夸大"感情投资"，把德育工作片面地人情化，用抽象的理解人、关心人、尊重人代替正面说理的德育方法。教育不能没有爱，然而爱不等于教育的全部。爱不是迁就学生，不是放弃严格要求和严肃的纪律。爱而不严只会害了学生。教育不能没有惩罚，没有惩罚的教育是不完整的教育、虚弱的教育、不负责任的教育。"惩罚"绝不等于体罚，更不是伤害，而是让孩子为自己的过失负责。严与爱都是方法，本质都是教育。

以理服人，转变人的思想是学校德育工作的最大特点。通过正面教育的、批评与自我批评的方法等，使学生懂得各种道理，明辨是非。如果只有尊重而没有教育，只有关心而没有要求，只讲团结而不讲批评，把关心变成迎合，把尊重变成迁就，把理解变成附和，那么，不仅无助于学生政治、思想、道德素质的提高，更是对学校德育工作的极大歪曲。

在学校德育方法顶层设计时，既要充分运用情感的方法，又要重视说理的方法，使学校德育工作以情带理，以理载情，寓理于情，以情寄理；情理交融，通情达理。在晓之以理、动之以情、导之以行的辩证统一过程中培养学生的思想品德，使学校德育工作的方法丰富多样，效果明显。

4.明示与暗示相结合原则

长期以来，学校德育工作主要运用明示教育方法，如通过各种规章制度、守则等，明确地告诉学生该做什么，不该做什么；又如，通过榜样示范，明确地告诉学生该学什么，不该学什么；再如，通过谈话、讨论，明确地告诉学生是非观念、价值标准，使学生懂得什么是对的，什么是错的，等等。这些方法都是直接、明确地对受教育者施加影响，从而使学生树立正确的政治、思想、观念和道德判断标准。

近年来，随着德育研究的深入，人们开始重视德育的暗示教育方法。心理学把在无对抗的条件下，用含蓄、抽象诱导的间接方法对人们的心理和行为产生影响，从而使人们按照一定的方式去行动或接受一定的意见，使其思想、行为与暗示者企望的相符合，这种现象称为"暗示效应"。如能运用得当，暗示是一种十分有效的教育方法。

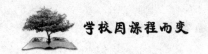

（二）德育方法顶层设计 10 种技术方法

1. 说理教育法的顶层设计

说理教育法，是指通过摆事实、讲道理来启发引导学生，从而提高其思想觉悟的教育方法。说理的形式多种多样，讲解、演讲、报告、座谈、讨论、谈心、对话、阅读、参观、访问、调查等都是常用的说理方法。

说理教育法的顶层设计要注意四点。

一是说理要民主平等，不能以强制的方式迫使学生接受现成结论，要给学生留有理解、思考的时间和余地。

二是说理不能无的放矢，要符合实际情况和学生的特点。良好的针对性来自对实际情况全面而又深入的了解。针对性并不仅是针对缺点或问题，也包括针对优点和长处。针对缺点或问题，可以使其得以检讨、有所感悟，从而弃旧图新；针对优点和长处，可以使其得到激励、形成自信，从而更前进一步。

三是说理要有感染力。

四是说理要根据实际情况选择和运用说理的方式，注意各种方式的有机结合。

2. 榜样示范法的顶层设计

榜样示范法，是指用正面人物的优秀品德影响学生的思想、情感和行为的教育方法。榜样示范的方式有事迹报告、广播影视、板报画廊、参观展览、阅读欣赏等。这些方式各有不同的特点，可根据实际加以适当选用。

榜样是被人们敬仰和效仿的楷模。榜样的力量是无穷的。榜样能把现实的社会关系表现得更直接、更典型，因而能给人以极大的感染，从而激励人们前进。

榜样示范法的顶层设计要注意三点。

一是榜样本身要有一定的广泛性和层次性。除了创造了非凡业绩者可以作为榜样之外，各行各业的普通劳动者，学生身边的同学、家长、教师等，都可以从不同方面作为榜样展示给学生。榜样既要有学习方面的，也要有思想道德和生活方面的。

二是重在学习榜样的精神品质。运用榜样示范，要防止形式主义即单纯模仿榜样的外在行为。要引导学生自己发现榜样来进行精神自励，从而不断强化他们学习榜样的动机和行为。

三是教育者要率先垂范。学生领略人生的意义和价值，学会为人处世，常与教师的言传身教有密切关系。教师没有良好的示范，要教育好他人是很难的。老师的人格力量和人格魅力是成功教育的重要条件。好老师心中要有国家和民族，要明确意识到肩负的国家使命和社会责任。

3.陶冶教育法的顶层设计

陶冶教育法，是指利用或创造有教育意义的环境，对学生进行潜移默化的熏陶，使其在耳濡目染中受到感化的教育方法。陶冶教育法的方式很多，主要有环境陶冶、情感陶冶、人格陶冶、艺术陶冶、科学知识陶冶、各种活动和交往情境陶冶等。陶冶教育法能缩小师生之间由于教育关系带来的地位差别，有利于师生进行平等交往，避免学生有灌输教育中的压抑感、心理防御和逆反心理。

陶冶教育法的顶层设计要注意四点。

一是要精心选择和设计各种环境。

二是要使学校的物质环境、精神环境充满教育意义。无数教育实践表明，重视并善于利用环境育人、情境育人往往会使德育产生深刻而持久的效果。教育管理者要努力利用学校的一切资源或者说把学生周围的一切资源都用来为学生的教育服务。

三是要注意各种方式的有机结合。如良好的校园风气能加强班级环境

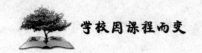

陶冶的效果，而班级环境陶冶又能使学生深刻体验到良好校风。将情感陶冶或艺术陶冶寓于一定的情境之中更能深刻地感染学生。各种方式的有机结合能使陶冶产生巨大的效应。

四是教育者要自觉地用自身的人格去感化学生。作为一名教师不仅要言传、言教，而且要善于身教、情教、德教。

4. 实践锻炼法的顶层设计

实践锻炼法是指通过让学生参加各种实践活动，使他们在活动中得到锻炼，从而培养其思想品德的教育方法。实际锻炼法主要有校内外的各种学习活动、文体活动、生产劳动活动、社会交往活动、传统节庆活动、校园礼仪活动以及团队、社团、班会活动等。

实践锻炼法的顶层设计要注意三点。

一是要引导和鼓励学生自我锻炼。运用实践锻炼法时，应注意在严格要求和检查中引导学生自我锻炼。进行实践锻炼，学生有无积极性，效果大不一样。引导学生自我锻炼应解决好三个关键问题，即善于把锻炼要求变为学生自己的要求，引导学生多方面认识锻炼的价值进而激发锻炼的需要，努力使他们在成功中产生积极的情感体验。

二是要引导学生进行各种实践锻炼，提出明确具体的要求并进行检查。没有要求和检查，学生容易降低认真度而变得松散。提出要求和检查要从实际出发，可根据学生的不同情况因人而异，注意从努力程度来评价。

三是要给学生以必要的帮助，促使学生持之以恒，实现积习成德。学生在进行锻炼的过程中不可能不遇到困难，不可能没有挫折和失败，这时教师的热情鼓励、帮助指导意义重大。

5. 修养指导法的顶层设计

修养指导法，是指通过指导学生自我教育来培养学生思想品德的一种教育方法，包括自我教育方法、自我学习、自我批评、慎独、体验、座右铭等。

修养指导法的顶层设计要注意三点。

一是要通过榜样和激励促使学生产生自我修养的内在需要。只有当人内心具有修养需要时才能有自我修养的可能，而使人体验到需要的满足也能强化其修养的动机。

二是要注意帮助学生确立正确的修养目标和方向。教师要引导学生积极投入社会实践汲取精神营养，对缺乏正确修养方向的学生予以指导。

三是要教给学生自我修养的方法。帮助他们找到修养的良好途径，培养他们自我教育的能力。

6. 登门槛技术法的顶层设计

所谓"登门槛技术法"，是指在学校德育工作中，教育者运用心理学中的"认知协调"理论，在学生普遍认可的"基础道德标准"的前提下，循循善诱，逐渐提高受教育者道德水平的德育方法。

当一个人对某种小请求不便拒绝或找不到拒绝的理由时，就会倾向于同意这个请求；人们为了保持自身形象的一致和避免自我认知的失调，一旦表现出助人、合作的言行，即使别人后来提的要求有些过分，也愿意接受。这就是"登门槛效应"，德育工作也应该这样做。我们将这种方法移植到德育活动中来，便可称作登门槛技术法。

登门槛技术法的顶层设计要注意两点。

一是以"基础道德标准"为基本要求，然后逐步提高。要使学生品德提高，不能硬性而简单地提出要求，也不能一下提出太高的要求，切不可操之过急，企图一蹴而就。而应首先提出基础道德标准，诸如诚实、公正、相互尊重、遵守社会公德等；然后，在此基础上逐步提高对学生的品德要求。

二是保护学生的自尊心。自尊心是自我意识中最敏感的部分，是肯定自我形象、维护自我尊严的心理需要。任何人都不允许别人亵渎、侵犯个人的自尊心。日常生活中的一些矛盾、纠纷和攻击性行为，往往都是因为

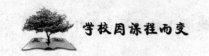

自尊心受损害而引起的。

7. 冲突引导法的顶层设计

所谓"冲突引导法",是指在德育活动中,教育者虚拟再现各种道德冲突情景,让学生间接"体验"各种道德场合,辨析各种道德言行的利害实质,以引导学生理性地走出道德冲突,并树立正确的人生观、价值观和道德观的德育方法。

"冲突引导法"的顶层设计要注意三点。

一是引导学生正视道德冲突现象的存在。也就是说,道德主体在特定的情况下必须做出某种选择,但这种选择一方面符合某一道德原则,另一方面又违背了另一道德原则;一方面实现了某种道德价值,另一方面却牺牲了另一道德价值。这是现实生活中我们必须面对、不能回避的问题。

二是指导学生理性地面对道德冲突。在社会生活中,存在着中国与西方、传统与现代、进步与落后、新与旧等诸多道德冲突,这往往令人眼花缭乱,甚至无所适从。我们不可能把学生置于"思想无菌室"中,唯一的办法就是帮助、指导学生理性地面对道德冲突。

三是引导学生灵活地化解道德冲突。教师首先要对学生的道德水平做出判断,然后选择适当的道德两难事例或用学生思想中的"困惑点""疑难点"来引发讨论,以使他们"通过冲突,冲刷、洗涤思想上、道德上的污泥浊水,蜕掉肮脏陈腐的东西,吐故纳新,超越自我,实现自我完善"。

例如,芳星园中学每年文化节会组织学生开展模拟法庭活动,由政治组教师指导学生担任法官、辩护人、原告、被告、证人等职务,设置与学生校园生活密切相关的案例话题,开展现场审判活动。

8. 情感激励法的顶层设计

所谓"情感激励法",是指在德育活动中,教育者运用真挚感人的言语、举止、表情、情景以及其他情感因素作为教育手段来调动学生的情感活动,使学生的心灵受到感化的一种德育方法。这一方法是根据心理学上的"皮格马利翁效应"（又称"罗森塔尔效应"）提出来的。

美国心理学家罗森塔尔和雅克布森（R.Rosenthal&L.Jacobson）曾经在一所小学做了一次类似智力测验的"发展预测"实验。他们不是根据测验成绩而是随机在各班抽取 20% 的学生，并故意向任课教师透露说这些学生的"智商"过人，他们将来的学业成绩会很优秀。这些被说成"智商过人的学生"其实是一般学生。过了 8 个月之后，他又去该校做了第 2 次智力测验，发现向教师暗示过的"智商过人"的学生，不但智商有明显的提高，而且学习成绩普遍进步、情感丰富、求知欲增强。究其原因，发现这几个学生后来一直受到教师的特别关照。由此可见，教师对学生投入积极的情感，并为此创设良好的外部环境，就会产生一种常规教育难以达到的效果。情感激励在德育工作中亦有重要作用。

情感激励法的顶层设计要注意以下两点。

一是满腔热情地对待学生。情感蕴含着无穷的力量，它会促使人产生某种行为倾向。在现实生活中，教育、说服一个人并非易事，但只要倾注真情，坦诚以待，就会取得成功，这就是情感的魅力，正所谓"人非草木，孰能无情"。因此，教师要以饱满的热情和真诚的关爱去对待每一个学生，给学生一种积极的情感导向，以激起学生的情感回应和共鸣。

二是要"晓之以理，动之以情"。在德育过程中，理论的讲解与理性的疏导是完全必要的，但若教师总是板着一副面孔，一味地生搬硬套、照本宣科，德育的教育力量和实际效果则会大大降低。

9.自发对称破缺法的顶层设计

所谓"自发对称破缺法"，是指在德育工作中，教育者首先将品德规范固化在一些先进分子身上，再通过他们行为的示范影响，扩散到其他人身上的一种德育方法。

　　这一方法是依据物理学中的"自发对称破缺"原理和心理学上的"从众心理"而提出来的。"对称"是自然科学中的一个普通概念。当系统状态发生变化时，若从无序均匀分布状态变化为有序结构，对称性则降低，物理学上称为"对称破缺"。而由于自身原因导致对称性降低、有序度增加的情况则被称为"自发对称破缺"。物理学上自发对称破缺的现象很多，如海森堡研究过的磁矿石的例子：在一种带磁物质中，假若人们能够使无数个磁针指向任意方向，但很快就看到它们又变得井然有序。在某个地方，一堆磁针会或多或少地指向同一方向，而且它们会"劝使"相邻的磁针最后都指向同一个方向。这种自发对称破缺现象在社会学领域中也能经常见到。例如，在某一时间，由于群体的压力，两个人在同样场合可能说同样的话，亦即人们并没有他们自己的喜好。这就是俗话说的"随大溜"，心理学上称为"从众心理"。

　　自发对称破缺法的顶层设计要注意以下两点。

　　一是要选择好起导向作用的"初始影响对象"。这种对象包括各方面的先进典型和非正式群体中的"意见领袖"（原是新闻传播学中的一个术语，意指在信息传播过程中富有影响力的普通人物，这里借指学生群体中有一定威信和感召力的人）等受人关注的人物。

　　二是要保证教育"初始影响对象"的内容积极健康，引导的方法得当。耗散结构理论认为，系统从无序状态向有序状态的演化是系统不断对称破缺的过程。同理，人的品德结构作为一个系统，也是一个不断从无序状态走向有序状态的过程，因而也是一个不断对称破缺的过程。一个人品德的形成具有连贯性，如果初始影响蕴含积极健康的因素，就会有利于一个人良好品德的形成。

　　例如，芳星园中学每月评选各班的月度竹君子，由师生共同评议，把各方面突出的学生群体优秀典型推选出来，常态化引领学生向身边同学的各种闪光点迈进。

10. 无意识教育法的顶层设计

所谓"无意识教育法"，是指在德育活动中，让学生在轻松愉悦的情境中通过无意识心理活动完成教育者提出的品德要求，以提高思想品德的一种德育方法。这一方法是依据心理学中的"无意识"理论提出来的。弗洛伊德认为："意识活动所包含的内容是极少的，在大多数情况下，大部分自觉性认识都长期'潜伏着'，换言之，都是无意识的，不为我们的意识把握和理解。"

这即是说，无意识心理活动在人的认识活动中占有极其重要的地位。在德育过程中运用无意识德育法，有利于突破传统的灌输方法，避免正面说教引发的逆反心理。有关研究表明，在某些情况下，教育的目的越明显，就越容易引起人们的逆反心理或对抗心理，德育尤其如此。人们对于越是得不到的东西越想得到，越是不能接触的东西越想触碰，这就是所谓的"禁果效应"（也称为"潘多拉效应"）。因此，要像社会学家莫里斯·迪韦尔热所说："思想意识的传播不能采取直线的方式，只反复灌输一些无意识的行为方案，这些方案决定了人们必须按照意识的方向行动。"

无意识教育法的顶层设计要注意三点。

一是要精心组织活动。无意识教育法的关键是要寓教于乐，寓教于活动。各种校园文化活动一方面可以满足学生的表现欲，另一方面又在无意识中对学生起到自我教育的作用。

二是要充分发挥各学科教学的德育功能。中国自古就有"文以载道"的优良教育传统，而且各学科内含有丰富的德育因素。尤其是一些学识渊博、人格高尚的教师，其言传身教的影响力极大，他们在学生的心目中享有崇高的威望，他们的话语常被奉为金玉良言，他们往往成为学生效法的楷模。

三是要优化校园环境。无意识教育法注重的是启发和诱导，强调的是直觉和灵感，追求的是一种"此时无声胜有声"的效果，因而它要求在良好的环境氛围中进行德育。良好的环境能使人在情感上产生共鸣，在理智上受到启发，在心灵上得到净化，在行为上趋向一致。例如，在一尘不染的现代化超级商场，在清洁如镜的城市街区，没有人随地吐痰、乱扔纸屑，是因为人们不忍心污染、损害这种优美如画的环境和自然和谐的气氛，自觉地约束自己的行为。此外，良好的校风、教风、学风等，都是无意识教育法的重要内容。

五、学校德育管理的顶层设计

学校德育不是哪个人能够在特定时间内独立完成的，而是在学校教育教学的全部时空中展开的，是所有成员（校长、教师、员工、学生）共同参与、相互影响的动态过程，同时又是与学科教学、课外活动、师生交往、家校合作、社会参与等融为一体的复杂过程。学校德育因而成为"众人之事"，需要组织、协调、规划，学校德育管理的顶层设计就应运而生。

学校德育目标的实现不仅需要通过直接德育和间接德育两种途径，而且需要通过德育管理予以保证。学校德育管理需要顶层设计，这是进一步增强学校德育实效性的保障。

（一）学校德育管理的顶层设计的必要性

德育是一个受多方面影响的活动过程。这一过程由许多因素组成，有教育者、受教育者，德育的任务、内容和手段等。教育者也是多方位的，有家长、教师、相关社会成员。在这些教育者之中，教师是对学生进行思想道德教育的专门人员。在教师队伍之中又有分工，有班主任、政治（思想品德）课教师、团队干部、各科教师及后勤人员等。

同时，教育任务的复杂，内容的多样，教育资源及其来源的丰富，加之教育对象的主体性、能动性，几方面都要求对德育活动有专门的管理，通过计划、组织、协调、沟通等环节来保持德育组织的良好机能状态和教育者良好的精神状态，以提高德育实效。

由此可知，所谓学校德育管理，是学校组织系统中的管理者，根据德育要求，遵循学校管理的一般规律，在管理思想和教育思想指导下通过决策、计划、组织、协调、监督（或控制、评价），充分有效地利用德育的各种要素和资源，以达成中小学德育管理目标和德育目标的活动过程。学校德育管理作为客观的存在，表现为实际的管理运行问题。

学校德育本身也属于管理的范畴。我们常常问如何增强学校德育的实效性，可化用上述观点的概念，从两方面回答这个问题：一是学校德育哲学问题，包括学校德育理念、价值观、文化等；二是学校德育科学的问题，包括学校德育目标、制度、决策、计划、组织、实施、指导、调控、奖惩和保障等，有效利用人、财、物、事、时、空及信息等要素，以提高德育实效性。如果只有理念，没有措施，就一定是空谈。学校德育工作者最缺的不是德育哲学，而是德育科学，不补上德育科学这一课，再好的德育哲学也不会变成现实。智慧成为永远正确、高高在上的口号，这是当前学校德育实效性不强的根本原因。无论从宏观层面上的学校德育整体规划，还是微观层面上的每一项德育活动或者具体的德育工作，都要描述背后是基于哪些特定的德育哲学，即我们到底是基于什么假设，基于什么理念，想达到什么目的，等等。教育工作者在弄明白德育哲学，想清楚到底希望得到什么样的结果之前，就匆匆忙忙进行德育工作的做法一定是收效甚微或是无效的。

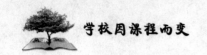

（二）德育管理的顶层设计关键原则

1. 德育管理方向性原则

德育管理方向性的顶层设计主要体现在确立德育指导思想、制订德育计划、确定德育目标、选择德育内容、评价德育效果等方面。德育的政治教育主要对学生进行政治方向、政治立场和政治信仰的教育，而思想教育主要是对学生进行世界观、人生观、价值观及思维方式的教育。

《中小学德育工作指南》明确规定中学的德育目标就是教育和引导学生热爱中国共产党、热爱祖国、热爱人民，认同中华文化，继承革命传统，弘扬民族精神，理解基本的社会规范和道德规范，树立规则意识、法治观念，培养公民意识，掌握促进身心健康发展的途径和方法，养成热爱劳动、自主自立、意志坚强的生活态度，形成尊重他人、乐于助人、善于合作、勇于创新等良好品质。对此，学校的德育工作必须毫不动摇地坚持这个根本方向，德育管理同样要确保这一方向不动摇。

2. 德育管理整体性原则

德育管理整体性的顶层设计应体现以下要求。

一是学校管理工作必须有整体的规划和计划，有统一的目标，以统一来协调德育管理内部各要素之间的相互联系；

二是从德育目标出发，合理设置学校德育职能机构，做到统一指挥、明确分工、协调运转；

三是明确全体教职工的德育职责，正确处理"以教学为中心"和"德育为先"的关系；

四是用科学的理论指导学校德育管理，采用科学的管理方法和先进的管理手段，实现德育管理常规的工作模式与科研工作模式的有机结合。

3. 德育管理民主性原则

学校的教职工和学生既是管理的客体，又是管理的主体，是学校的主人，必须发挥他们当家做主的自觉性和积极性。坚持以人为本，尊重学生的主体地位，发挥学生的自主创新精神，做到一切发展为了学生、一切为了学生发展，促进学生的全面发展。

4. 德育管理开放性原则

学校德育管理具有开放性的特点。面对日益开放的社会，学校德育管理不能走封闭式教育之路，要面向社会、面向家长，向社会化、生活化、个性化转型。

德育管理开放性的顶层设计应体现以下要求。

一是转变传统的管理理念。教育者不能再按照"理想模式"去塑造学生，而应当针对社区和学校特色、教师特长、学生特点、家庭层次，注重针对性、实效性，探索构建具体化、特色化、可操作的开放性的德育管理实施系统，为培养全面发展的个性化、社会化、创新型的人才打下坚实的基础。

二是统筹好家庭德育、社区德育、网络德育以及其他媒体的德育，因为这些都是德育管理组织活动的重要组成部分。正是德育管理组织开放性的特点，决定了德育管理要注重科学合理地配置校内外一切德育资源，调动一切积极因素，壮大德育力量，形成德育合力，增强德育管理的有效性。德育管理的途径是开放的，既要重校内，也要重校外，做到校内与校外相结合。

三是加强德育的信息管理。社会多种信息作用的结果，使学校德育管理的可控性相对缩小，不可控性和自控性在扩大，德育的时空观已发生了前所未有的变化。在这种情况下，学校要了解和掌握学生从社会上接收信息的情况，正确地进行引导，及时调节学生与社会两类信息之间的关系，排除和防止社会上某些信息对学生可能产生的不良影响。同时，要充分利

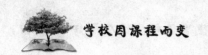

用积极健康的有益信息对学生进行正面教育，以帮助学生树立正确的道德观念。

（三）德育管理构成要素的顶层设计

德育管理构成要素的顶层设计，是指在德育管理过程中影响德育管理行为及其效果的因素顶层设计。构成德育管理过程的要素：

第一，要有德育管理主体，即说明由谁来进行德育管理的问题；

第二，要有德育管理客体，即说明德育管理的对象或管理什么的问题；

第三，要有德育管理目的，即说明为何进行德育管理的问题；

第四，要有德育管理环境，即在什么样的客观环境和条件下进行管理的问题。这四个要素决定管理行为的发生，它们就是德育管理顶层设计的构成要素。

1. 德育管理目的要素的顶层设计

德育管理的目的要素是德育管理主体的努力方向，是德育管理活动要达成的效果，贯穿于德育管理活动全过程，渗透于各项具体德育活动之中，也是衡量德育管理活动是否合理、有效的尺度，所有的德育管理活动都围绕着德育管理目的进行。德育管理目的要素的顶层设计在德育管理行为中处于核心地位。

其主要表现为以下两方面。一方面，德育管理的目的是建立德育管理组织系统的前提，德育管理目的的顶层设计决定德育管理目标，有了目标才能为选择和运用人财物等资源提供依据和标准，才能把分散的力量组成一个有机系统。德育管理目标为组织与成员的考核提供了主要依据，这些依据又反过来使各部门和每个人都有了正确的工作方向与准绳，根据目标来进行自我控制、自我引导，使整个德育组织自动地运转起来。另一方面，德育管理目的是德育管理活动的出发点和归宿，一切德育管理活动都从属于德育管理目的，服务于德育管理目的，各项德育管理工作都是为了实现德育管理目的而有组织、有意识地展开的，德育管理目的指导着各项德育工作的方向和各种德育资源的配置，决定着德育管理活动的方针、任务与内容，决定着德育工作的领导体制、组织结构以及各项德育管理制度。

2. 德育管理主体要素的顶层设计

德育管理的主体要素包括德育管理组织及管理者。德育管理组织有广义和狭义两种界定。广义的学校德育管理组织，是指在学校中承担学生政治理论教育、行为规范管理和道德品质培养的职能机构；狭义的学校德育管理组织，是指根据管理科学的基本原理和学校德育本身的特点要求，有目的、有计划地对德育实施有效协调、控制的专门管理机构。狭义的学校德育管理组织区别于学校内部仅具有某些德育功能但不以德育管理为主的其他管理组织。

3. 德育管理客体要素的顶层设计

德育管理客体是德育管理的特定对象，学校德育管理客体包括一切德育资源，如德育人力资源、德育课程资源、德育活动资源、德育财力资源、德育时空资源、德育信息资源等。其中主要的德育管理客体是根据德育管理主体的指令，按德育管理主体的意图，为达成德育目标服务的各级下属德育人员，德育管理客体的顶层设计作用表现为对德育管理主体制定的目标的主动性、创造性的实施。同时，德育管理客体影响德育管理者的行为。

4. 德育管理环境要素的顶层设计

德育管理活动除了表现为德育管理主体、德育管理客体和德育管理目的三个基本要素相互作用的过程之外，它还处在一个客观环境之中，与外界发生着输出和输入的交流。德育管理环境包括自然环境和社会环境，大到国际政治、经济形势，小到学校、班集体环境变化，都对德育管理行为产生影响，德育管理是一个动态过程，是一个对环境的动态适应和改造过

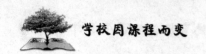
程。德育管理环境间接地影响着德育管理行为。

（四）学校德育管理运行环节的顶层设计

美国管理学家戴明认为，一切有过程的活动都是由计划、实施、检查、总结四个环节组成的，并构成一个不断旋转的圆环，此即所谓"戴明环理论"，这一理论在德育管理运行中也是适用的。学校德育管理的运行由计划、实施、检查（评价）、总结四个环节组成，是这四个环节的旋转推进过程。

1. 德育管理计划的顶层设计

德育管理计划是指确定德育管理目标和选择实现目标的方案、手段、方法和措施，是计划职能在管理活动中的体现，是德育运行的起点。德育管理计划是德育管理过程的重要环节。它是德育组织内部成员的行动纲领和方案。德育管理计划具有统一德育管理者和被管理者的认识和行动的作用，具有对德育组织内部成员的动员和激励作用，使人力、物力、财力等得以充分利用，充分挖掘潜力，使之合理组合，协调运转，发挥整体优化效益。德育管理的顶层设计首先是德育管理计划的顶层设计。

2. 德育管理实施的顶层设计

德育管理实施，是把德育管理计划付诸实施，落实为管理的行为，以实现预期目标。德育管理实施是德育管理运行的中心环节，是实质性的管理阶段，是德育过程中各方面因素和条件的综合体现。要实施德育内容，达成德育目标，促进学生品德及其能力的形成和发展，提高德育质量，必须组织开展好德育活动。实施环节的主要管理内容有以下几点。

一是组织。指把德育管理的人、财、物合理配置起来；建立有效的德育组织机构，明确分工，做到人尽其才、才尽其用；建立和健全德育管理的各项规章制度；明确德育管理各项工作的进度和程序。

二是指导。指上一层次的管理者，对下一层次的部门或管理人员进行引导、指示。三是协调。指德育管理者在实施环节的全过程中，依据实际情况，不断协调各种关系，减少内耗，提高效率。包括协调组织与组织、人与物、人与事、局部与整体、系统内与外之间的关系。

3. 德育管理的检查和形成性评价的顶层设计

德育管理的检查和形成性评价是对德育管理计划执行情况的监督和价值判断。检查和形成性评价是德育管理运行中的中介环节。德育管理的检查和形成性评价要有明确的目的和统一的标准，明确检查的意义。德育管理计划制订以后，要促使各部门执行计划，就需要进行督促检查。检查种类多种多样，有平时检查、阶段检查、年终检查等。检查内容可根据实际需要而定，可以对某一阶段的德育工作进行全面检查，也可以对德育工作的某一方面或某些方面的内容进行专项检查。检查方式可以是口头或书面汇报，也可以是管理者亲自考察实际工作，或发动群众互相检查。不论采取哪一种形式，都要以有利于促进德育工作的开展为原则。检查有利于德育管理者及时了解全面工作的进展情况，发现工作中的优缺点，及时采取措施，进行有针对性的指导。

例如，北京芳星园中学学校管理层发挥党支部政治核心作用，书记亲自抓德育工作并担任校长小助理导师，统筹规划、部署、推动各环节，将培育"五优中学生"工作落到实处。

以成长思维建设团队。一花独放不是春，百花齐放春满园。学校重视育人团队和教师个性化成长双轨提升。教师不但是实践者，更应是研究者。学校的教师培养共同体"竹语轩"下设四个重要成长研修院：青年院、三百院、骨干院、名师院。外请各级专家对教师进行全面培训和课题指导，探索新时期育人工作特点和规律，创新德育工作途径和方法。

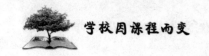

六、学校德育评价的顶层设计

目标是让学生到那里，活动过程是让学生怎么到那里，评价则是看学生到没到那里。德育内涵外延的丰富性和德育过程的长周期性、多维性，使德育评价变量因素多，过程复杂，效度难以把握，因而长期以来没有一套科学可行的德育评价指标体系。有效进行德育评价的顶层设计，就是为德育评价提供客观依据，科学地评价学校德育，克服主观随意性，增强客观准确性，把人们的价值认识凝集在科学、系统、合理的评价之中。

学校德育评价是指运用测量或评鉴的科学手段和方法对学生潜在的和外显的综合素质的差异及其功能行为进行测量和评价的活动；是国家机关、教育行政部门、教育督导和教育科研等专业机构及学校等主体根据党和国家的教育方针、德育法规和德育目标，依据学生身心发展规律，为德育决策提供依据和保证德育目标的实现，有计划、有组织地运用科学的手段、形式和方法对有关区域评价对象中的人员范围（教师、学生）、事物范围（德育条件、德育过程、德育效果）、时间范围（年度、学期、月、周）的德育实施状况和成效所进行的价值判断过程。这一界定包含了以下五个要素。

第一，德育评价不仅是对德育情况的描述，更是一项教育价值判断活动，这是德育评价的本质。

第二，德育评价是一种系统收集德育资料的过程，系统性是其重要特点。不仅收集资料，更注重对资料的解释、分析。

第三，德育评价以一定的理论和政策为依据。比如，党和国家的德育政策法规、教育目的和德育目标以及学生的身心发展规律。

第四，学校德育评价的主要内容是德育思想、德育组织、德育实施状况、德育实效等。这些是保证德育目标实现的主要方面，也是德育评价必须抓住的重点。

第五，参与德育评价的主体是广泛的。不仅有政府、教育行政部门组织的德育工作检查评估，还有人大、政协等组织所进行的德育工作视察；不仅有教育督导部门的德育执法检查评估和教育科研部门的专业性德育评估，还有师生参与的对学校德育工作的评价；不仅有学校德育自评，还有社会其他部门、有关人士对学校德育的不同形式的评价。

（一）为什么要进行德育评价顶层设计

1. 德育评价的顶层设计为正确评价学校德育提供了客观依据

德育评价实质上是一项教育价值判断活动，正确进行德育评价必须有赖于科学正确的客观依据。继承和发展德育评价理论，有效进行德育评价的顶层设计，就为德育评价提供了客观依据，就可以科学地评价学校德育，克服主观随意性，增强客观准确性，同时还统一了人们对每项指标重要性的认识，发挥了统一人们的价值观念，把人们的价值认识凝集在科学、系统、合理的评价之中的作用。

2. 德育评价的顶层设计为深刻认识学校德育开辟了一条重要途径

德育评价的基本功能是对学校绩效及相关因素进行价值评判，只有深刻认识评价对象才能对学校德育特征做出正确的判断。由于德育是一个复杂的综合整体，这就给人们深刻认识评价对象造成了很大的困难。评价指标是由构成评价对象的主要因素分解而来的，是评价对象本质特征的具体化。德育评价顶层设计的核心是通过评价指标把复杂的整体对象分解为各个组成部分，把对复杂整体的认识转化为对较简单的各个组成部分的认识，这就给评价者深刻认识评价对象开辟了一条重要途径，从而为提出加强和改进学校德育工作的有效措施提供依据。

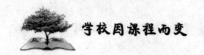

3. 德育评价的顶层设计为实施德育督导检查提供了有效机制

学校德育目标是根据党和国家有关学校德育的方针、政策、规定而提出的，通过德育活动努力争取达到的目的。长期以来，由于种种原因，德育的首要地位还没有完全落实，少数学校"一手硬一手软"的问题还比较突出。"重智轻德""智育是硬指标，德育是软指标"的现象在一些学校还不同程度地存在，德育目标落实得不够好，其中一个重要原因就是缺乏科学完整的学校德育评价的顶层设计，没有建立有效的督导检查运行机制。学校德育目标是一个宏观的概括化的体系，不能直接用来做评价的指标。

4. 德育评价的顶层设计成为促进学生发展的手段

衡量德育工作的成败，主要是看学生的思想觉悟是否得到提高，正确的道德观念和良好的行为习惯是否形成，这是评价德育质量高低的主要依据。以往我们对德育工作的评价过于表面化，追求标准化，缺乏层次性。如按各项评比或检查的综合积分来评选先进集体的做法，总会使一些班级感到"优秀的班集体"与他们班无缘，这实际上是对班级差异的不尊重。特别是一些"个性生"较集中的班级，常常因个别学生的行为而影响集体的荣誉。

德育评价顶层设计的落脚点在于使广大教师特别是班主任潜心钻研如何引导学生将道德认知转化为道德行为，学生也不再担心会被扣分、挨罚，而静心思考该如何使自己的形象鲜明，这大大解放了教师和学生的手脚。总之，我们只有更新德育观念，科学合理地进行德育评价的顶层设计，引导学生积极参与道德实践，并努力完善德育评价体系，才能将德育的内容与要求转化为学生自身的思想观念与行为，德育的实效性才能真正落到实处。

（二）德育评价顶层设计的核心要件

德育是系统工程，这就决定了必须通过系统科学的德育评价顶层设计，构建德育评价体系。德育评价内容的顶层设计包括以下两方面：一是从评价对象而言，要有对学校德育评价、班级德育评价和学生品德评价的诸方面相互联系的顶层设计；二是从评价内容而言，要有评价德育条件、评价德育过程、评价德育效果有机结合的顶层设计。德育评价内容就是对德育评价对象的具体分析。

由于研究者的研究视角不同，对于德育评价内容的概括方式也不尽相同。这里，从有利于指导德育实践出发，我们将从学校管理的角度来叙述学校德育评价的对象和内容。为此，我们把学校德育评价的对象分为三个基本侧面，各个侧面又有着各自不同的评价内容。

1. 对学校德育整体工作的评价

其评价内容包括德育实施方案、德育管理过程、师资队伍、校园建设、教育教学资源与设备、校风校纪、校外联系情况、德育基地建设等。其评价主体主要是教育行政主管部门或相关的决策、咨询部门，也可以是学校自身。

2. 对学校德育实施过程的评价

其评价内容包括德育课程设置与教学，课外活动的组织，规章制度的建立与执行，学生管理常规的落实，班风、班纪、班级舆论，教师育人职责的履行，师德修养，德育环境状况等。其评价主体主要是学校主管领导和部门，也可以是上级有关主管部门，还可以是学校全体教师和学生（或学生代表）。

3. 对学生品德的评价

其主要内容包括品德发展状况、日常表现等。评价主体主要是教师

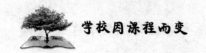

和学生，还包括家长和其他校外教育工作者。除了他人评价之外，还包括学生在教师指导下的自我评价。以上区分仅仅是按照不同的评价对象而对德育评价内容做出的简单归纳。

在德育评价实践中，评价内容远非如此简单，它需要根据评价目的、评价范围和评价者自身的素质等来选择。可以说，一切与学校德育有关的因素，教育环境中一切能够直接或间接影响学生品德发展的因素及各自构成的具体层次、具体侧面，学生在态度、情感、价值观和品行诸方面的一切表现，都可以作为德育评价的内容。

（三）德育评价程序的顶层设计

1. 确定学校德育评价目的

拟定、设计一个评价方案之前，首先必须明确本次评价活动的目的，只有这样，才能体现德育评价的意义和特点，才能使评价顺利展开，并按预定的目标去设计、实施评价方案。确定评价目的之后，还应该推演本次评价的功用。德育评价的功用主要通过具体的评价对象、内容以及评价类型、方法等得以体现，如总体评价或部分评价，团体评价或个体评价，诊断性评价、形成性评价或终结性评价，定性评价、定量评价或两者相结合的评价等。

2. 设计德育评价指标体系

评价与一般的德育检查、考核、评比最大的区别之一，是必须构建一套德育评价指标体系。这一体系是由反映评价对象某一方面特征的主要因素和数字或模糊量参数构成的。德育评价指标是在根据评价目的，确定评价主要内容的基础上，将德育评价主要内容划分为评价指标，从而构建德育评价指标体系，编制评价标准。

德育评价指标体系顶层设计应遵循以下原则。

（1）紧扣德育目标的原则

德育评价如果与德育目标脱节，重知识轻实践，重认知轻行为，如果学生品德评定仅仅由教师凭经验、印象给出，这样会导致学生个性发展的教育目标陷于空泛。德育评价顶层设计要注重知行合一，既要重视德育目标，更要重视实践德育、体验德育和感悟德育的目标；不仅要看学生做的方式方法，更要看学生做的是什么。

（2）涉及德育全部领域的原则

学校如果单一地偏重"道德"评价或偏重"学业成绩"的评价，只注重从某一方面来评价学生的优异，必定会出现一些平均的类别，把"个体"划入这些类别。因此，德育评价应避免偏重某一方面的评定，尽量促使德育目标的整体实现。无论道德感受、作风态度、行为实践、个体差异、适应理解、精神面貌，乃至德育氛围都应全面加以评定，并在此基础上，进行综合性的评价解释。这种评价的综合性，则远远超过静态的终结性德育考核鉴定方法。

（3）量化评价与质性评价相结合的原则

量化评价是通过数量形式来描述学生思想品德素质的特征，质性评价是对学生的本质进行鉴别与确定。量化评价通常注重量的方面，而质性评价通常注重质的方面，量化评价是质性评价的基础，质性评价是量化评价的出发点和结果。

例如，北京芳星园中学以"四全"原则进行的多元评价，学校根据育人目标把评价的主要目的定为促进学生的自我认知和自我进步，坚持评价的多元化，按全员、全程、全方位、全境四全原则对学生三年的学习生活进行评价。所谓四全即设立"竹君子五优中学生"奖励体系，依托综素平台建立成长档案，以班级为单位对学生的成长进行记录，将过程性评价和终结性评价相结合，由全校教师对全体学生三年全程活动进行全方位

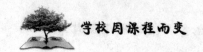

全员评价，设立一优、二优、三优、四优、五优中学生阶梯荣誉，通过宣传橱窗、校电台、国旗下讲话、各年级各班公示栏等展示闪光事迹，让每个学生的优秀闪光点事迹覆盖校园全境。

（四）如何组织与实施学校德育评价

学校德育评价的组织与实施是以评价时间、评价空间和评价人员的分类为基础的，包括评价时间与时机的选择、评价空间的组织和评价人员的选用等。

1. 评价时间与时机的选择

学校德育评价的目的不同，评价所选择的时间也不同。与诊断性评价、形成性评价和终结性评价相对应，学校德育评价的时间类型可分为预测式（活动之前）、日常式（活动之中）和阶段式（活动之后，通常以学期或学年为单位）。

评价时机的选择可以根据评价内容和评价目的而定。对校园风气、纪律的考察，可以通过每周的日常校园活动来观察、记录；对涉及态度、价值和行为倾向的内容，可根据师生的工作、学习安排，选择他们可以平静、客观、公平作答的时机。

2. 测评空间的组织测评

空间的组织是指如何选择测评角度的方法。对于不同的评价目的和评价对象，应当选择不同的评价角度。评价空间的组织包括单相法和立体法。单相法是从多种测评角度中选择一个角度进行评价的方法，如主管领导评价、同行评价、学生评价、教师自我评价等，可以分别用来评价教师"育人"的工作业绩；立体法是从多种角度，同时或顺次评价德育工作或结果，如尽可能客观地评价一位教师的"育人"工作业绩，应该是将主管领导评价、同行评价、学生评价、教师自我评价有机结合起来。

3. 组织实施的一般步骤

通常德育评价的组织实施包括准备阶段、实施阶段、汇总阶段和反馈阶段。准备阶段包括选择实施体制（由谁负责实施）、组织实施力量（参与评价的人员的选用）和进行施测动员；实施阶段是整个评价工作的主体部分和中心环节，这个阶段要特别注意施测环境的控制和施测时间，步骤的规定以及施测者、受测者心态、思想的变化，以确保评价工作顺利进行；汇总阶段主要是对评价信息进行统计汇总，最后整理出统计结果，即将评价结果向被评价者或学校德育工作领导小组、班主任等反馈，在反馈过程中，需要说明评价的有限意义，强调适当的保密性和信息使用的适切性，反馈形式可以是口头形式或书面形式。

第三章　有逻辑地建设学校品质课程

一所优质学校应该有自己的课程体系，应该建构一个基于特定逻辑而组织化了的课程整体，将各个课程有机地结合成一个联系紧密的、有逻辑的"育人整体"。换言之，一所优质学校有了自己的课程模式，这是有逻辑地推进学校课程变革的一个显著标识。

"课程"（curriculum）一词最早出现在英国教育家斯宾塞的《什么知识最有价值》一文中，是从拉丁语"currere"一词延伸出来的，它的名词含义为"跑道"，动词形式则是指"奔跑"，因此，课程的意义就在于既要为不同的学生设计不同的跑道，更要着眼于学生个体认识的独特性和经验的自我建构。简言之，课程的独特价值在于尊重学生的需求和不一样的成长方式，为学生的成长而设计，让学生找到自我，实现自我价值。基于此，学校着眼于每一位学生的发展，坚持国家课程的校本化，优化顶层设计，科学规划学校课程。

一、当前学校课程设计存在的问题

学校课程建设是学校文化变革与特色发展的核心元素，是促进学生全面发展的有力抓手，是教师专业发展与成长的重要平台，是学校教育教学质量提升的关键路径。在深化课程改革、落实立德树人根本任务之背景下，中学有必要多维度丰富学校课程，推进学校课程深度变革。

当前，学校课程变革的热情比较高，但是拼盘式、大杂烩或碎片化的课程改革普遍存在，离"良好的课程"还有很长的路程。其主要表现在七方面。

（1）不接地气。没有学校课程情境的分析，很难将学生的学习动机、兴趣和学习目标有效地结合起来。

（2）缺乏目标感。脑中没有育人意识，眼中没有育人目标，育人目标与课程目标不能很好地实现对接。课程改革成了"为了课程而课程"。

（3）简单课程叠加。前期没有学校课程的顶层设计或整体规划，学校课程建设只是校本课程的累加，处于"事件"状态，没有形成"面"的气候，没有"体系"意识。没有基于学校的办学理念提出自己的课程理念，办学理念与课程理念一致性比较弱，更别谈基于理念的课程设计、实施与评价的联结或贯通了。

（4）一锅烩大拼盘。学校虽然开发很多课程，但对课程无合理分类，课程之间的关联性与结构性比较弱；杂乱无序的"课程碎片"以及随意拼凑的"课程拼盘"，很难发挥整体育人效果。

（5）缺乏有效评价。没有课程认证与评估，课程开发随意性比较强，课程评价没有形成一套科学有效的评估体系，评价标准有待完善。评价主体多元化，评价的科学性和客观性有待提高。

（6）无关联。学校课程建设没有触及课堂教学改革，课程建设与教学有效性的提升没有关系，只是教学的附属品，与课堂教学改革无关。没有触及课堂教学改革，教育目标、课程内容没有更新，学校没有发生实质性变化，就谈不上课程改革。

（7）弱管理。基于现实因素，中小学对教学管理是抓得很严的，但因课程开发对学校来说只不过是锦上添花的东西，所以大多数学校的课程管理都比较弱，不受重视。

统观目前中小学校的课程建设实践，综合起来普遍存在以下四大问题。

一是随意。学校课程建设从发展目标的确定、教育理念的凝练到课程结构的规划、微型课程的布局和课程内容的选择再到课程的具体实施及评价保障的设计，要么草率行事，要么漫无目的。

二是庞杂。学校习惯于不断地开发拓展课程资源，增加校本课程的规模和数量，较少思考什么课程对学生最有价值，缺乏对校本课程进行量的压缩和质的精选。

三是零散。这主要表现在三方面：①学校课程建设与学校整体发展规划，包括与学生的整体发展目标之间缺乏内在的一致性；②各种课程内容之间、各种课程类型之间以及各个课程板块之间均缺乏有效的整合；③课程目标、课程内容、课程实施与课程评价之间缺乏整体的统筹设计。

四是粗浅。在学校课程建设尤其是课程设计方面，较少深入课程的本质和内核，较少触及学生学习与发展的根本部分。没能充分发挥出学校课程建设，尤其是校本课程在促进学生可持续学习与个性化发展方面的价值和作用。

▶二、学校课程建设的"四个基本思考"

面对学校课程建设中存在的各类问题，必须明确学校课程为谁建设、谁来建设、怎样建设和建设得如何这四个基本问题，才能贯彻落实立德树人根本任务，同时也是进一步深化基础教育课程改革所面临的关键挑战。

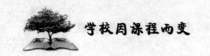

（一）为谁建设课程——厘清核心素养与学校课程建设的关系

《国家中长期教育改革和发展规划纲要（2010—2020年）》中提出，把育人为本作为教育工作的根本要求。学校也应该把促进学生发展作为进行课程建设的根本要求。核心素养是指"学生在接受相应学段的教育过程中逐步形成的适应个人终身发展与社会发展的必备品质与关键能力"。"核心素养既是课程目标，又是一种新的课程观。"核心素养包含的必备品质和关键能力，要求学校重新审视和优化课程结构：

其一，关注学科核心素养的发展，思考落实学生学科核心素养的路径和策略；

其二，关注跨学科素养的提升，这就要求学校要在学科课程之外，在选修课程的建设和学生学习方式的变革上，有所突破；

其三，重视学生核心价值观的培养，将德育内容细化落实到各学科课程的建设中，充分发挥学科课程的主渠道作用，深入思考如何通过学校的课程育人活动促进学生的个人价值与社会价值的统一；

其四，学校要根据自身实际建设课程，对国家课程、地方课程和校本课程进行统筹规划与实施，把握学校课程的整体结构，更新课程目标，将核心素养融入学校课程建设的顶层设计。

（二）谁来建设课程——关注学校课程建设的主体

关于学校课程由谁来建设的问题，其实就是课程建设主体的问题。以往的学校课程建设常常被认为是学校领导的事，教师更多地只关注课堂教学。在当前深化课程改革的关键时期，所有学校都需要建设既符合国家课程改革要求又具有本校特色的学校课程，学校课程建设要促进学生核心素养的发展，课堂教学和测试评价等都应指向学生核心素养的发展。因此，课程建设不再只是学校领导的事，更是教研组组长、学科教师、学生、家长乃至全校每一位教职工需要担负的责任。

在区域推进学校课程建设时，尤其要关注教学干部、教研组组长和学科教师的课程意识和能力。教师作为课程建设主体的主要组成部分，不仅要关心课堂教学，还要参与学校课程建设，尤其是本学科的课程建设。当前学校的育人质量取决于学校的课程建设质量，教师如果只关注课堂，不参与学校的课程建设，就无法深入地理解学校课程建设的内涵与外延，无法很好地建设学科课程，也无法与其他学科的教师有更深入的交流，这不利于学校课程的优化与整合，更不利于学生跨学科素养的发展。

（三）怎样建设课程——把握学校课程建设的依据与工作流程

学校课程建设，要明晰课程建设的内容。一是要做好课程建设的背景分析，这是学校课程建设的基础。二是要规划科学、合理的课程结构，既要符合国家对学校课程建设的要求，还要契合学校的育人理念和目标，更要满足学生的学习需求。三是要整合、优化、开发各类课程资源，这是学校课程建设的基础和课程实施的有力保障。此外，还要着重规划有关课程实施、课程评价等其他重要的课程建设内容。

学校课程建设，要着力提升学校课程建设主体的课程建设和资源开发能力，把课程建设和资源开发能力作为教师专业能力的核心要素之一。尤其需要注意的是，校长要明白学校的课程建设有别于教育研究，需要着重关注学校课程建设的工作流程。

（四）课程建设得如何——重视课程建设实施后的评价与改进

若想了解学校课程建设得如何，就需要建立健全课程建设的评价机制。学校课程建设的评价，从过程来说，需要评价课程建设的规范性、方向性、适切性、一致性等；从结果来说，学校要形成课程方案文本，该文本既要符合课程方案的规范，更要具有实操性，更重要的是要从教师、家长、学生、社区等多方面了解学校的课程实施情况，进而反观课程建设的优劣。因此，在区域和学校层面，均要形成评价学校课程建设的机制，评价的目标应指向学校课程的优化和改进，评价的主体既包括课程建设的利益相关者，也包括课程建设的指导者和研究者，评价的内容重视课程建设的实施结果，评价的方式则应趋向多元化。

三、学校课程变革的"动态清零"思维

打造学校的品质课程要将学生置于课程的价值原点，与学习需求匹配，努力在学生的学习需求和未来期待之间获得某种平衡。

有品质的课程具有如下特点：

一是原点性，为孩子们的成长与发展服务；

二是现实性，解决学校课程发展过程中存在的实际问题；

三是发展性，聚焦核心素养的提升；

四是层次性，有不同层次的实践样态，可以是一所学校的课程模式，也可以是一个特色课程群，还可以是一门校本课程。

多年学校课程开发的实践证明，学校课程变革要有"动态清零"思维，要激活课程参与者的主体意识，让学校课程有足够的生长空间。所谓"动态清零"的课程建设思维就是回到初心的思维，就是回到课程改革的原点去的思维，就是理性关注丰富生动的课程变革实践的思维。学校课程变革为了谁？如何深度推进？这是学校课程变革"动态清零"思维的基本问题。

1.清零心态：专注生长

无数事实证明，任何一场变革，总是缘起于文化观念和思想意识的觉

醒。推进学校课程变革首先要在心态上清零。学校课程变革必须回归原点，聚焦生长。这个问题的本质是"学校课程变革"的问题。

教育部《关于深化课程改革　落实立德树人根本任务的意见》指出：要根据学生的成长规律和社会对人才的需求，把对学生德智体美全面发展总体要求和社会主义核心价值观的有关内容具体化、细化，深入回答"培养什么人、怎样培养人"的问题。从当前情况来看，课程改革必须明确学生应具备的必备品格和关键能力，突出强调个人修养、社会关爱、家国情怀，更加注重自主发展、合作参与、创新实践，明确学生完成不同学段、不同年级、不同学科学习内容后应该达到的程度要求。

因此，学校课程变革的根本任务是立德树人，提升学生的核心素养。学校课程改革就是要聚焦生长，充分尊重学生的兴趣和经验，设置多样化的课程，多维度地满足学生的学习需求。无视课程改革存在的学校，本质上是无视学生发展，无视核心素养的倡导，本质上是心态上没有清零。

2. 清零距离：聚焦需求

坚持以学生发展为本是学校课程变革的基本准则，促进学生最大限度地发展是学校课程变革的核心目标。精准把握学生的学习需求，让学校课程与学习需求无缝对接，是学校课程变革的一个重要议题。

清零距离，就是要实现课程产品和学习需求之间的无缝对接，减少课程产品与学习者的年龄差距，减少课程实施与学习者的心理差距，减少学习需求与课程服务的现实差距，让学校课程发挥出最大的育人功能。

因此，学校课程变革应最大限度地贴近学生的学习需求，把握学生的兴奋点，科学设计课程，合理组织课程，积极探索课程实施的多种方式，为学生充满灵性的成长提供最充分的课程保障。

3. 清零等待：马上行动

马上行动是关键，从分析学校课程情境开始，从把握学校课程发展的优势开始，从找准学校课程发展的问题与生长点开始；立即行动，从开发一门校本课程开始，从研制课程纲要开始，从学程设计开始，从研制课程实施方案开始；立即行动，从规划学校整体课程开始，从梳理学校课程架构开始，从研究学校课程设置开始，从全面推进学校课程实施开始；立即行动，从思考学校文化融入课程开始，从厘定学校办学理念开始，从确定学校课程理念开始，从将理念融入课程实施、管理与评价开始，从让学校课程充满浓郁的文化气息开始；立即行动，从建构学校课程变革路线图开始，从把握育人目标转化为课程目标开始；立即行动，从让课程变革活跃起来开始，从让学校课程评价多元活跃开始，从让学校课程管理良性运行开始……

4. 清零条件：全情投入

课程改革不会因为条件好而做得更好，也不会因为条件差而做得更差。课程改革没有条件，全情投入是最重要的条件。

等待，课程改革的条件永远不会成熟；条件，只会在课程变革中变得更成熟。只有参与了，我们才会发现问题，才会去解决问题，才会尽可能地让条件更完善，让保障更充分。

5. 清零滞后：因学习而改变

学校课程变革需要每一位教师学会适应改变，需要每一位教师明白，昨日的知识和经验解决不了今天的问题和困难。我们要把校本研修作为适应课程变革的利器，每一位教师必须明白，课程改革因学习而改变。

学校课程变革倚赖于教师的专业发展，倚赖于专业文化的觉醒。我们要积极向课程改革先行者看齐，激活每一位教师的课程意识，让教师成为学校课程领导者、研究者和推进者，让教师有更多的机会进行不同程度的"课程实验"，有更多的机会参与完整的课程开发过程，彻底改变教师只是规定课程"忠实执行者"的角色，改变教师只把课程当作学科教材的狭隘观念，形成更加开放、更加多元的课程观，促进教师专业成长与课程发展同步提升。

说到底，我们必须随需而变、专业为王，让变化成为专业成长的契机，让学习成为课程变革的有机组成部分。

6. 清零障碍：与问题同行

面对课程改革，问题不可回避。要知道，课程改革就是与问题打交道，就是发现问题、解决问题的过程。

学校课程变革要善于摧毁课程改革过程中的一切问题，要善于让所有的信息都流动起来，让所有的渠道都畅通起来，让所有的脑细胞都活跃起来，多问几个为什么，多想几个做什么，多试几个怎么做，要相信"办法总比问题多"。

一句话，学校课程变革无论如何都应该让所有教师都动起来，跑起来，聪明才智蹦出来。如此，问题会向我们让路，困难会向我们低头。

7. 清零排斥：多方联合

为了提升课程品质，学校课程变革应实现清零排斥，应实现教师、学生、家长、社会、专家等群体的最大化互动与联合。

首先，人员要全纳。学校课程建设涉及校长、教师、学生及其家长等，所有可能的人都要纳入课程改革的主体视野。校长是课程的主要决策者和责任人，教学处及各处室成员承担学校课程常规管理工作，包括课程实施与开发的组织、安排、指导、协调等工作。学校应充分调动师生及家长的课程参与积极性，家长及社区人员有课程管理的知情权、建议权和参与权，为学校课程发展提供资源是义不容辞的责任。

其次，组织要强化。学校可以设立课程领导小组，负责学校课程开发过程中的重大决策与研究。这个小组可以由校长、教师代表、学生及家长代表以及社区相关人员构成。建议不少于50%的席位给学生代表和教师

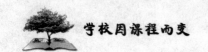

代表，有时候还可以邀请有关课程专家为课程改革把脉诊断、出谋划策。课程领导小组的组长建议民主选举产生，并在此基础上明晰责任。此外，还要充分发挥校委会、教学处、德育处、学科教研组在学校课程变革中的作用，使之各尽所能、各尽其责。

总之，学校课程变革应团结一切可以团结的人，创造多赢的局面，形成完整的多主体价值链。

8. 清零风险：质量保障

课程改革对教学质量有没有影响？这是中小学校长和教师最关心的问题。从现实角度来看，多一些危机意识，加强质量风险管控，制定质量预警机制，提高学校课程管理水平，确有必要。

大量的课程实践证明，课程的丰富性、精致性与教学的有效性成正相关。我们可以负责任地说，推进学校课程变革绝对不会降低教育教学质量。

国家课程、地方课程、校本课程三类课程不是三个独立的部分，它们构成了学校课程的有机整体，拥有共同的育人诉求，实现不同的课程价值，承担不同的课程任务，履行不同的课程职责，从不同的方面促进学生的成长与发展。因此，为了"全面的质量"，我们绝对不能用国家课程挤占地方课程、校本课程的课时，绝对不能随意提高国家、地方规定的课程要求，绝对不能把校本课程变为国家课程的知识延伸和加深。我们应根据有关课程改革的精神，正确处理这三类课程的关系，保证各类课程的合理比例，充分体现三类课程对学生发展的综合价值，确保全面教育质量观的落实。

▶ 四、拒绝大拼盘：有逻辑的课程设计

一所优质学校应该有自己的课程体系，应该建构一个基于特定逻辑而组织化了的课程整体，将各个课程有机地结合成一个联系紧密的、有逻辑

的"育人整体"。换言之，一所优质学校有了自己的课程模式，这是有逻辑地推进学校课程变革的一个显著标识。

模式是事物的标准样式或者是使人可以照着做的标准样式。目前课程学者提出的课程模式（curriculum model），属于概念模式居多，且大都以图绘方式呈现，故亦称为图绘模式。课程模式是课程设计的实际运作状况的缩影，或是理想运作状况的呈现，希望借以介绍、沟通或示范课程计划、设计、发展的蓝图，指引未来的课程研究设计与发展工作。

关于课程模式，学术界一般认为，课程模式是来自某种课程形态并以其课程观为主要指导思想，为课程方案设计者开发或改造某个专业并编制课程文件提供具体思路和操作方法的标准样式。

学校课程模式通常是以学校发展背景分析为基础，以一定的课程哲学为引领，以个性化的课程结构和特定的课程功能为主要内容，在矛盾运动中不断解构、重组、耦合，并指导学校课程实践的一种范式。

关于学校课程模式，可以从三个维度理解：一是"点"的维度，课程模式指向为每一位学生提供适合的课程，关注每一位学生的真实学习需求，促进每一位学生的发展；二是"线"的维度，课程模式是一个从无到有不断建构与完善的动态过程，是一个反省改进与实践丰富的过程；三是"面"的维度，课程模式指向具体学校的课程实践，它作为一种课程设计、开发和实施范式或方法论指导学校课程体系建设和推进。

（一）从课程哲学到课程评价

课程模式是一个开放的系统，通常需要囊括以下五个要素。

1. 独有的学校课程哲学

学校要建构个性化的课程模式，首先要确定独特的学校课程哲学。学校课程哲学对课程建设而言，是整个课程模式框架的灵魂，引领着课程模式的建构，贯穿于课程模式建构过程的始终，既是对课程建设行为的规定，也是课程模式实施效果的检验。学校课程哲学凸显了课程模式的鲜明个性，区别于其他同级同类的学校，体现着自身的价值追求，反映的不是部分人群的要求，而是全体师生广泛认可的价值追求。很明显，学校课程使命的确立，推动着学校课程模式的形成。

2. 目标明确的课程功能

不同类型的课程承载着不同的功能，如学科课程与活动课程、分科课程与综合课程、必修课程与选修课程、显性课程与隐性课程等；同时从功能的指向对象来看，又可分为对学习者个人或人群的功能和对社会的功能。很明显，课程结构是根据特定的课程功能建构的，而特定功能的发挥是保持课程结构稳定性的必要条件。在个性化的课程模式中，必然包含相对应的课程功能，并且是特定课程功能的耦合系统。课程理念和培养目标在很大程度上规定着课程功能，蕴含着某种功能期待，包括课程的方向、水平、广度、深度、效果等。

3. 独具特色的课程结构

课程结构是学校课程模式的主体内容之一。根据课程论学者郭晓明教授的观点，要对课程结构进行整体性把握，即形成"三层次—两类型"课程结构观，"三层次"是指宏观、中观、微观，"两类型"是指实质结构和形式结构。学校课程建设，从"范围"维看，属于学校层面的课程结构建设；从"深度"维看，也包括实质结构和形式结构，并且要在这两类结构中凸显个性化。从模式建构的过程来看，随着环境的变化，模式系统得以进化，相应地课程结构也要进行调整。结构改革的过程：当教育背景发生变化，学校资源环境发生变化时，新的价值需求出现，新旧需求的碰撞引起课程功能的变化，导致课程设置的涨落，在新环境的选择下产生新的课程结构。当然这种改革不仅是形式上，更需要在实质上进行。

4. 个性化的课程实施方式

课程实施方式多样化、灵性化，不局限于教室，不限制于授受。随着校本课程开发门类的增多，课程整合成为课程实施的必然选择。同时，从模式建构本身来看，课程功能是整合的，课程结构是一体的，在课程实施上同样也需要进行统整，以使各种类型课程的功能最大化的发挥。课程统整则是将学科内、不同学科或者不同类别的课程按照一定的方式组合成一个多维一体的新课程集合，使学科内、不同学科或者不同类别的课程紧密联系，不仅发挥着各自的功效，而且发挥着整体的功能。课程统整包含多方面的内容，如知识统整、经验统整、科目统整等；多个层面，如单一学科统整、跨学科统整、科际融合统整、超学科统整等；多种类型，如联络式统整、附加式统整、局部式统整、全面式统整、综合式统整。

5. 全方位的课程管理和评价

课程模式的建立除了课程功能和课程结构主体内容之外，还要有相应的支持条件，即课程管理和评价，以保障课程开发与实施的顺利进行，保证课程模式的完整性。首先，课程管理是以课程为对象所施加的决策、规划、开发、组织、协调、实施等管理活动和管理行为的总称。一所学校的课程管理主要包括课程管理的理念、课程开发管理、课程实施管理，而优质学校的课程建设需要在这些方面突显独特性。其次，课程评价是根据一定的评价标准，通过系统地收集有关信息，采用定性、定量的方法，对课程立意、计划、准备与投入、实施、效果等方面做出价值判断并寻求改进途径的活动与行为的总和。

课程评价指向课程模式产生的全过程，而不是某方面，在课程模式建立的各个环节都要有相应的监督与评价，只有在保证每一个环节达到标准的同时，才能使课程模式的整体达到预期的标准。学校课程建设需要依据本校课程评价的价值取向，制定适合本校实际的评价标准或指标。同时每一个环节的课程评价重点关注的不是评价的结果，而是与评价标准之间的差距以及如何在新循环的课程建设中加以改进。

课程模式五个构成要素缺一不可，学校课程哲学是课程模式的灵魂，课程功能和课程结构是课程模式的主体内容，课程实施方式是课程模式的必要落实，课程管理与评价是课程模式的保障。模式系统的个性化需要在这五方面突显独特性，要素之间的关系如图 3-1 所示。

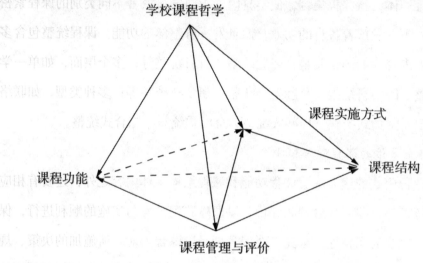

图 3-1　课程模式各要素关系图

（二）"有效"课程模式的特征

1. 严密性

学校课程模式总是基于特定的逻辑。课程模式作为课程实践的标准样式，具有概括性、简约性以及逻辑的严密性，是一个有序、高度组织化的系统。

这种严密性，一方面是指课程模式的有序性，即模式构成要素之间和要素内部组成部分之间有规则的联系，包括横向联系和纵向联系，横向联系即要素和要素内部组成部分在空间构成上要保持有规则的、恰当的有序联系，纵向联系即在不同学段、不同年级各要素和要素组成部分先后承接设置顺序。

另一方面是指课程模式的逻辑性，即各要素之间及要素内部组成部分之间不是杂乱无章的堆砌，而是以一定的逻辑结构呈现。课程模式的严密性要求学校内课程不是单一的课程碎片，而要以一定的方式加以统整，使学校提供的课程是一个互相联系、彼此协调的有机整体，课程类别之间、课程内容之间、课程整体与部分之间有着内在的联系。

2. 动态性

学校课程模式有较强的变化能力。课程模式不是静止的，其建构是一个动态发展的过程，系统状态由平衡到不平衡到再次走向平衡，随着环境的变化，系统逐渐进化。

在新旧需求的碰撞中，课程模式要顺利实现更替，需要具备相应的变化能力。

因此，课程模式的变化能力则与课程模式构成要素及要素内部组成部分的种类和数量密切相关，是指课程模式的可转换性，即适应不同环境变化的能力，具体而言，即随着学校环境的变化，课程模式的构成要素及其关系在不同条件下发生一定的变化，通过这种转化，课程模式发展成为更为丰富和完善的整体系统。课程模式变化能力的大小取决于其广阔的变化空间和多样的变化方式，变化空间越大，变化方式越多，变化能力越大，也越能适应环境的变化。

3. 独特性

学校课程模式是个性化的。课程模式本身具有多样化的特点，表现为各级各类学校课程模式的不同，也表现为同级同类课程模式的不同，这就直接导致了课程模式的独特性，即课程模式的建设要适应地区间经济文化的差异，适应不同学校的特点，适应学生的个性差异；也体现了课程模式

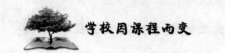

的指向性，即指向特定的地区、特定的学校、特定的学生群体。

由此可见，个性化才是课程模式的生命，不存在普遍有效的课程模式，课程模式要在一定范围内、一定背景下才能得以有效实施。所谓个性化的课程模式，是指在满足国家课程设置的基本要求基础上，结合时代发展的需要、地方的独特文化背景、学校的办学传统和条件，以独特的课程理念为引领，构建具有自身特色的课程结构模式和功能模式。个性化是学校课程模式建设的必然结果，如此，我们才能真正满足学校内涵提升与特色发展的诉求。

（三）学校课程设计的三个实用模式

总体而言，学校课程设计的最主要模式有三种，即目标模式、过程模式与情境模式。一般而言，目标模式偏向于工业心理学的影响，例如，美国课程学者泰勒在"八年研究"中所发展出来的课程设计模式，便是目标模式的典型代表。

1.课程设计的目标模式

包括经典的学科取向、学生取向、社会取向与科技主义的技术取向，几乎承续过去课程学者的各类遗产，统合了当时各种教育学派思想，泰勒所建立的模式简单且易于了解，统括课程设计的重要因素，故迄今他所建立的基本原理与计划架构历久不衰，广被利用。

2.课程设计的过程模式

受到教育哲学与认知心理学的影响，英国课程学者斯滕豪斯主持"人文课程方案"（The Humanities Curriculum Project）时所规划的课程设计模式，便是过程模式课程设计的典范。

过程模式如下。

（1）具有开放的设计思路。教学过程涉及的因素相当复杂、变动不定，课程设计不可能完全按照预定的目标来进行，需要针对具体情况不断做出调整。

（2）强调教育是一个过程。教育不是达成目标的手段，不是使学生获得预定的知识技能，而在于求得其智慧的发展。

（3）强调师生合作，主张发展与探究的学习，要求学生积极主动地参加到教学过程中。

（4）强调教育是经验的改造，注重根据学生的实际情况，相对灵活地选择和组织课程内容。

（5）注重形成性评价的实施。它强调对课程实施过程的形成性评价，通过对这一过程的详细考察、研究和分析，明确课程存在的问题以及问题的原因和性质，进而提出改进的策略。

3.课程设计的情境模式

包括多门专门学科的社会文化分析，在课程设计中，必须先分析情境，然后据此拟定课程目标，依据课程目标设计课程方案，经过师生教学的诠释与实施后，进行评估与回馈。从事课程设计时，更加重视教育情境或系统的统观。

以下将对三种课程设计的模式进行全面分析，力求使得学校在设计课程体系时有更详尽的操作方法和理论指导。

1.课程设计的目标模式

（1）目标的确定

①发展有效的思考方法。

②培养有效的工作习惯与学习技能。

③塑造情感态度价值观。

④获得宽广而重要的兴趣。

⑤发展音乐、艺术、文学及其他美感经验的欣赏能力。

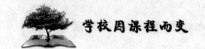

⑥发展敏锐的社会感受力。

⑦发展更佳的个人社会调适能力。

⑧掌握重要信息。

⑨发展健康的身体。

⑩发展与社会一致的生活哲学。

（2）课程的组织方式

包括垂直的文化史组织、水平的广域课程组织与统整型的兴趣组织，强调学习经验的连续性、顺序性及统整性，发展出核心课程的类型。

引导学校发展新课程四个重要的问题：

①学校应达成哪些教育目标？

②要提供哪些学习经验才能达成目标？

③如何有效地组织学习经验？

④如何确定这些教育目标已经达成？

这便是后人所称的"泰勒模式"。

这四个课程问题，似乎形成一种直线型的课程设计模式，并揭示了课程目标的选择、学习经验的选择与组织、评价等课程设计的重要原理原则，也被誉为课程设计典范的"小字典"。

后来其他课程学者之目标导向的课程设计，都依然以此为参考。泰勒的目标模式指引着课程设计的理论与实际，迄今仍具有相当的影响力。正如美国课程学者坦纳夫妇（D.Tanner & L.Tanner）所言，泰勒的目标模式，在今日仍是我们据以处理课程发展的方式，而该模式虽受到批评，甚至有不少对抗的模式提出，但仍不足以对其优势构成威胁。因此，课程设计人员在不易采用其他模式的情况下，多遵从泰勒的目标模式而行。

（3）目标模式的本质

把学生将来所要表现的具体行为，作为课程设计模式的第一步，这是目标模式的本质。

制定目标是泰勒课程设计目标模式的第一步。

泰勒认为目标是选择、组织、评价学习经验的最重要标准，强调目标的指导功能，直接坦率地指出以目标引导课程方案的设计。教育目标的最后分析，是目标的选择问题，学校有责任与义务，考虑价值的选择与判断，强调建立学校的哲学作为选择目标的一道过滤网。

评价的焦点由学生身上转移到目标之上，可以为评价与决定提供稳当的参照点，这种目标模式是合乎教育、政治、经济的要求的。这种目标模式，显然是目标导向的：首先，要根据学习者的需要、当前的社会生活、学科内容、学校的教育及社会哲学、学习心理学等来源拟定目标；其次，依照目标决定学习经验，泰勒认为此步骤乃是创造的过程，教师给予学生机会来达成目标所叙述的行为；再次，须将所选的学习经验组织整合，方便学校教师教学、学生学习；最后，设计评量工具进行评价，了解预定的目标是否已经达成。

这些问题并非单向直线的观点，相反，它们可以不断地重新检讨反省目标，重组学习经验的组织与顺序。

泰勒的课程设计模式中，目标固然有许多来源，但目标的建立是课程设计的第一步。根据所拟定的目标，选择能够达成目标的学习经验，并将学习经验加以组织，使其产生意义，以便教师的教学与学生的学习；最后设计评价工具，以了解学习经验是否达成预定的目标。

泰勒强调学校是一所具有目的的教育机构，教育是一种含有意图的活动，而课程目标则是课程发展与教学的指导因素。特别是具体目标（objectives）是指可欲的学生行为类型之改变，这种可欲的行为改变，可以经由学校教师及课程计划人员事前预测与事先规划；而且，教师也有能力从课程计划人员的规划说明中，进一步对学生的学习经验（learning

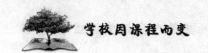

experience）加以细部设计，以达成一套预期的学生学习结果（learning outcomes）。泰勒把学生将来所要表现的具体行为，作为课程设计模式的第一步，这是目标模式的本质。

（4）目标的来源

目标模式的目标拟定包括三个来源、两道选择目标的过滤网、两个目标叙写的层面。目标的获得，必须先经过初步研究，以进行学生、社会与学科的需求评估，决定暂时性目标。而且在决定目标时，三项建议的来源相当有用，即有关学习者的研究、有关当代校外社会生活的研究，以及学科专家的建议。两道选择的过滤网，则是把教育哲学及学习心理学作为过滤器，以筛选可能成为目标的来源。

第一个目标来源是从研究学习者本身去寻找教育目标，并同时考虑到学生的当前兴趣与未来兴趣，兼顾特殊兴趣与共同的普遍兴趣。对学生的考量是要了解其起点行为，再加以深化学习行为。例如，学生必须先学会并熟悉注音符号之后，再进行注音符号的拼音练习，诸如此类。另一个部分所要评估的是学生的个人需求（individual needs），包括六方面：第一方面是个人在职业、社会公民、家庭与文化休闲等生活领域的兴趣、生活目标与计划，第二方面是个人所拥有的活动、经验、工作经历，第三方面是个人在其生活领域中所感到或遭遇到的难题或困扰，第四方面是个人的心智、身体、社会的知能与技巧，第五方面是个人所运用的概念、所获得的知识及个人信念等生活领域现象的认知基模，第六方面是个人在每一种生活领域中所感到的满意或失望。

第二个目标来源是从研究当代校外社会生活当中寻找教育目标，必须进行社区生活需求的工作分析，以了解社区人力资源的发展。社区需求包括四个领域：第一个领域是职业需求，亦即社区中有何种职业的工作机会；第二个领域是社会公民需求，亦即教育民众关心公共事务；第三个领域是家庭需求，亦即维护家人的健康、养育下一代；第四个领域是文化与休闲的需求，亦即有教养的人民可以丰富地方文化与休闲活动，进而提升生活品质，社区学院在此方面扮演重要的角色。

第三个目标来源是从学科专家的建议中寻找教育目标。课程设计人员必须有效辨识哪些学科的知识是最新的研究成果，利用新的学科知识内容替代老旧的学科知识。学科课程目标的表达有不同的形式，以层次而言，一般可分为四类：第一类为系统层次目标（system level goals），由国家层次或地方层次学区教育委员会所决定，如"学生知道并能应用基本的科学与技艺的过程"；第二类为学校课程方案层次目标（program level goals），由学科领域的课程人员所决定，如"学生能使用科学的传统语言、工具与操作"；第三类为学科课程层次目标（course level goals），由该学科或教学单元的教师小组团体所决定，如"学生能根据传统分类标准，将有机体加以分类"；第四类为教学层次目标（instructional level goals），由个别教师加以计划，如"学生能正确地将上课所讨论的树木分类为木麻黄、松、枫、侧柏、云杉、落叶松、香柏木"。

目标选择的两道过滤网之一是利用教育哲学选择目标，希望在选择课程目标时，能同时重视职业教育与通识教育。另一道目标选择的过滤网是利用学习心理学选择目标，例如，目标的选择应该合乎相关心理学理论与学生年龄发展阶段的组成程序，并和学生学习经验相关。

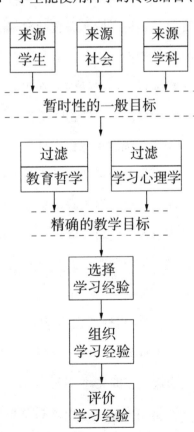

图 3-2 泰勒的课程设计模式

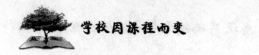

（5）目标模式的优势

①折中的课程立场

目标模式包容精粹主义的学科学术传统取向、经验主义的学生取向、社会主义的社会取向与科技主义的技术取向，乃承续过去课程学者的精华，统合20世纪上半叶的课程设计原则，并融入个人的丰富经验和独到见解，加以归纳整理，组成体系。

②合理性的慎思探讨架构

目标模式，特别是泰勒的目标模式指出课程目标的三大来源与两道过滤网，包容了许多传统观点与不同意识形态及理论假设，迎合了不同学派的论点，提出明确的架构，所以能广受欢迎。而且，其卓越的合理架构，非常巧妙地妥协于各种敌对偏激的主张与论调之间，回避了这些偏激主张常犯的错误，因此，有其不朽之处。此外，其明确目标的建立，不仅有助于教师选择学习经验、安排适当的学习活动以有利于教学的进行，更为教育评价提供了一种合理的基础。

③系统性的课程设计步骤

泰勒的目标模式课程设计以逻辑、系统、理性的步骤描述课程设计的程序，避免哲学与政治偏见，而且言之有物，以简单容易了解的实例说明基本过程，精简程度优于他人艰涩隐晦的著作。这一模式内容丰富、见解独到、组织严明，而且目标与手段间的连锁非常严密，是合逻辑的、合科学的、合理性的活动。

（6）目标模式的问题

课程设计采用目标模式，在实际的运用中也存在一些问题和弊端，需要引起大家的关注。

事实上，这一模式强调目标的预定及达成，非常重视产出（output）或产品（product），因此目标模式在应用上自有其限制，仅适用于三种情况。

第一种情况是预定结果，学生的学习结果可以预先详述，并可透过其行为加以表现。第二种情况是内容明确，学习的内容是非真假相当明确。第三种情况是评价客观，对学生学习结果的评价十分客观。因此，有固定答案的资料和有明确结果的技能，适用目标模式来设计课程，文学与艺术就较不适用。

2. 课程设计的过程模式

目标模式的课程设计，太过于强调技术性手段目的之工具价值，忽略了教育过程的重要性，无形中贬抑了学校教师专业判断与教育专业成长的价值。

过程模式的课程设计，强调的是教育的方式与教学过程，而不是教育的内容，且重视学习者的主动学习与教师的专业思考。这种课程设计，并不是预先确定具体的教育目标，且未硬性规定学生学习的行为结果，而是经由建立明确的教育过程原理与教学程序原则，以有效地增进教师的专业判断。它的重点是希望通过讨论的方式，让学生探索具有价值的教育领域，而不是要达成某些预定目标或指定的学习效果。

倡导过程模式的学者认为，教育应当建立在知识学科上面，因为知识学科能够提供该学科的效标架构、程序原则及评价工具。他们认为课程设计不一定要事先陈述预期的学习结果。相反，却可以从课程内容和教学活动的课程设计开始，着重教学过程和学生的学习在此过程中的经验，赋予学生自由、创造的机会，产生各种学习结果。这种课程设计的背后应有其原则，代表课程设计人员的价值观，以指导教师在课堂情境教学过程当中的原则，这些教育过程与教学过程的原理原则可以称为"程序原则"（principles of procedure）。

他们认为可从效标的角度，选择课程内容，不必依赖目标的列举。

过程模式的特征：

（1）允许学生做出明智的选择，并反省这些选择的后果。

（2）在学习情境中让学生扮演主动的角色，而非被动的角色。

（3）能要求学生独自或与他人一起，探讨观念、当代问题或心智过程的应用。

（4）能使学生接触具体的事物，如实务、材料和人工制品。

（5）能使不同能力的学生都能成功完成学习工作。

（6）能使学生在新的情境中，探讨过去所学的概念、问题或心智过程的应用。

（7）能要求学生探讨社会上一般人不探讨的或未探讨的主题。

（8）能使学生涉入失败的危机。

（9）能要求学生重写、演习和润饰早期努力的成果。

（10）能使学生应用和熟练掌握富有意义的规则、标准和学问。

（11）能给予学生机会，与他人共同设计、实施并分享成果。

（12）切合学生表达的目的。

过程模式的源起可溯至卢梭（Rousseau），现代的课程设计过程模式则受英国伦敦大学彼得斯与美国哈佛大学布鲁纳的影响。

我们以英国的"人文课程方案"为例加以说明过程模式的课程设计特点。

人文学科（Humanities）是一种核心课程的要素，在课程表上可以是一门单独设立的学习学科，也可以是融合英文、历史、地理、宗教教育与社会研究的一门课程。特别是在20世纪60—70年代的英国教育体系中，人文学科意指一种统整的学习研究（integrated studies），而且把人类相关议题作为学校的学习方案，经常被当成统整的学习研究核心。

3.课程规划

"人文课程方案"的课程改革规划过程如下：

（1）选择一套严谨的教育政策说明以陈述课程的相关问题领域。

（2）找出这种政策性的陈述说明与课堂教学实务的逻辑相关性，并由此明白地列出与其教育目标一致，而且具有可行性的教学策略纲要。

（3）尝试发展一种策略，经由讨论检核其逻辑一致性，并在实验学校中检验其可行性。

（4）进行实验学校的个案研究，以提出研究假设，并推演在其他的学校进行课程实施的可能相关问题及其效应。

（5）利用个案研究的经验，以设计课程推广的过程，并拟妥课程推广即将面临的实际问题。

（6）利用个案研究以及测验评量等评价，以监控课程推广的问题与效应。

4.课程设计原则

"人文课程方案"的课程设计原则是以学校为单位，亦即有效的课程方案必须由学生、教师、家长所在的地方学校，并结合校外的学生学习经验来进行课程发展。学校教育行政人员提供必要的资源与技术协助，指出学生的需求并提供必要的建议。经由尝试课程实验，在大规模采取新课程方案之前，应该将预定的课程计划先进行小规模的课程实验与试用，教师与学生可从课程实验中获得许多学习经验，经课程实验修正后，克服一些非预期的困难，增加课程实施之成功机会。

教学不只是可以精熟掌握控制的技术，也是一种教育艺术，教师就如同艺术家一般，必须被信任并赋予教育专业地位，通过不断研究以增强其教学的艺术性。换言之，教师可以在课堂实际教学的过程中检验教育观念，并经由教学行动的实际反省来检验教育观念的可行性。

过程模式从课程目标的规划说明中，进一步设计出一套程序性的原理原则，以作为教师在课堂情境中采取教育行动的指引。这种过程模式课程

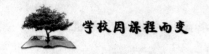

设计的程序原则，基于五个逻辑前提。

（1）应该在课堂上跟青少年学生一同处理有争议的议题。

（2）在进行争议领域的教学时，教师应遵守中立之标准；换言之，教师的责任之一，是不能运用权威鼓吹自己的观点。

（3）争议领域之探究方式，应是进行讨论，而非注入式的教导。

（4）讨论进行中，教师应鼓励并保护各种歧见，而非一味企图达成共识。

（5）教师身为讨论主持人，应承担维护学习品质之责任。

这些程序性的原理原则，皆是协助课堂情境当中的教师与学生进行教学与学习的过程说明，因此"人文课程方案"经常被誉为过程模式的典范。第一，方案主要以人类社会的矛盾问题为核心，经由讨论使学生理解社会情境和人类行为，此间教师扮演的角色是引导者，而不是教导者，更不是灌输者。过程模式主张教师的角色转变为学习的引导者，采用以学生探究为依据的学习方法以及以教师研究为依据的教学，重视开放、非正式学习环境的设计，强调教师是促进者，以学习者为中心的教育哲学，重视非正式、相互尊重的师生关系。斯滕豪斯指出这种课程有两种含义。

第一，在这种课程中教师和学生都在进行学习。

第二，这些问题的争论，经常阻碍师生的理解，因此，有关争论的理解，应该成为教育目的。过程模式的重点在于强调个人自主性的发展，鼓励学生探索具有价值的教育领域或过程，而非仅达到某些预定的目标或指定的学习成果。

5. 教师专业发展

英国"人文课程方案"就是一个典型的过程模式课程设计实例。此方案将斯滕豪斯的教育理念转化为教师在课堂情境中进行教学的实务，而课程规划说明书提供给教师一种参考的课程观点，以处理学者的教育理念与教师日常教学实务活动两者之间动态复杂的互动关系。这就说明了课堂层面课程设计的重要性，强调教师参与课程发展的必要性，而且教师必须在课堂情境当中扮演研究者的角色，亦即将课程视为有待教师于课堂情境中加以检验的研究假设，并采取课堂行动研究以检验课程的研究假设。

另外，"人文课程方案"计划小组举办教师研习，协助参与此课程方案的教师获得实施新课程的知识、技能、态度与兴趣。由于受到传统课程观念的影响，经常认定课程就是学科或教材纲要或教学目标或教学计划，并不认为教学是一种艺术，而且教师也不认为自己应该在课堂中进行教学研究，以促进教师的专业发展。因此，若要促进教师的专业发展，必须通过课程的改革改变课程的观念，以增进教师的教学艺术知能，这也说明了没有教师专业发展，即没有课程发展。

6.课程模式特色

在过程模式课程设计当中，学校教师的角色，或为专家或为学习者。这样的课程设计，意味着课程实施采用发现教学法或探究教学法的教学策略，而非传统的注入教学法。教师扮演学习者的指导人员，引导学生探究社会科学概念与发现社会科学的学科知识架构。此套课程主要特色包括以下特点。

（1）利用过程模式进行课程设计，不受到行为目标的束缚，强调教师与学生在课堂情境中教与学的互动过程。

（2）在课程改革过程中，能聘请专业的课程设计专家以开发品质优良的教材，例如，教育影片、学生参考手册、教师教学指引及幻灯片、教育玩具等其他各种教学资源。

（3）在课程设计过程当中，能根据教育心理学者布鲁纳所倡导的学科结构及螺旋课程的理念加以设计。利用由易而难、由浅而深的概念结构循序渐进，引导学生认知结构的发展。并且经过实验学校教师进行试教试

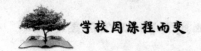

验，以探究教学法及发现教学法帮助学生认知概念，让其合乎学生的认知发展，吸引学生的学习兴趣。

7. 存在问题

尽管过程模式可以弥补目标模式的部分缺失，然而，斯滕豪斯也自认此过程模式的弱点在于课程设计必须十分仰赖教师的素质。过程模式当中，教师角色在评价上扮演的是学生学习过程的批评者，而非学生学习成绩分数的评分者，但对学生的评价相当主观。特别是，过程模式涉及的"需要""兴趣""成长"及"发展"等概念并非与价值无关，太强调价值的相对性，反而易激起价值体系对立的问题，因而此模式实在不易推展。综上所述，过程模式仍应允许有限度地运用课程设计的目标模式，因为课程目标在课程设计上是不可或缺的，课程设计人员应鼓励教师与学生自行设计或协助其设计学习目标。

8. 课程设计的情境模式

情境模式课程设计根源于"文化分析"（cultural analysis），因而又称情境分析模式或文化分析模式，其基本假定是把个别的学校及其教师作为课程发展的焦点，亦即校本课程发展是促进学校真正改变的最有效方法。

一般而言，目标模式与行为心理学有密切关联，过程模式与教育哲学关系紧密，而情境模式则与当代社会文化分析密不可分。情境模式的课程设计，主张从文化选择的角度诠释课程，进而从事课程的计划。例如，英国课程学者劳顿认为课程具体呈现于可以传递到下一代的人类知识、语言、科技、工具、价值与思考体系当中，他不仅主张课程是一种社会文化的撷取，更拟议一种课程设计的文化分析途径。另外，英国东英格兰大学布里奇斯（David Bridges）也同样指出，课程设计的最主要工作是从事选取社会文化素材的决定，并将这种社会文化的要素传递给下一代。

这种情境模式的课程设计途径以提倡情境分析模式的课程学者斯基尔贝克与呼吁进行文化分析模式的劳顿等人为主要代表人物，其模式要点说明如下。

　　将课程设计与发展置于社会文化架构中，学校教师借由提供学生了解社会文化价值、诠释架构和符号系统的机会，改良及转变其经验。此模式有五项主要构成要素。第一项是分析情境，第二项是拟定目标，第三项是设计教与学的课程方案，第四项是诠释及实施课程方案，第五项是评估与评价。

　　斯基尔贝克的情境分析模式是一种折中模式，涵盖了目标模式和过程模式的精神，含有综合性架构，针对学校所处的社会文化情境变迁加以分析，进行学校课程设计，此模式所设计的课程内容方法与途径比较具有弹性与适应性，可从任一阶段开始进行课程设计。

　　（1）分析情境

　　依照斯基尔贝克之定义，课程的概念即经验，亦即课程是学校教师、学生及环境之间的互动与沟通。学校层次的课程发展，须始自学习情境的评估和分析，据此而提供不同的计划内容。斯基尔贝克的情境分析模式，将课程设计置于学校文化的架构中。教与学是产生经验交换和改变的过程，亦即师生经验的交换、学生能力的改变。

　　学生处在一种发现自己，并受到许多因素影响的状态，这一状态和这些因素称为"情境"，由若干交互作用的课程发展要素所构成。课程设计人员在设计课程时，必须了解课程设计过程中的学校教学情境之文化脉络因素，以考量课程设计的可行性。情境分析是文化取向的课程设计的主要任务，情境分析的工作可依探讨外在及内在两方面的因素进行，以了解"课程问题与需求是什么，如何回应这些课程问题与需求"。

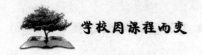

外在情境因素

①社会的变迁及其趋势：诸如工业的发展、政府的政策与指示命令、文化的运动及社会意识形态的转变等。

②家长、雇主和工会的期望和要求：诸如家长对于识字、外语学习、家庭作业等的看法，雇主和工会对于识字、手艺、商科等课程标准的要求等。

③社区假定事项和价值标准：包括成人与儿童关系的形态。

④学科或教材性质的改变。

⑤教师支援制度的服务：诸如教师专业中心、师资培育机构及研究单位等。

⑥教育制度的要素和挑战：诸如政策的声明、考试、地方教育机构的期望、要求或压力、课程方案及教育研究。

⑦流入学校的社会资源。

内在情境因素

①学生因素：其学术性向、能力、动机、价值观念及需要等。

②教师因素：其价值观念、态度、技能、知识、经验、长短处及角色等。

③学校属性和政治结构：共同假定事项和期望，包括权力的分配、权威关系、培育顺从规范和处理偏差行为的方法等。

④物质资源和财源：房舍、设备、学习资料及经费的分配等。

⑤现行课程的问题和缺点。

（2）设计教与学的课程方案

教与学的课程方案设计，或称学程方案设计，其构成要素包括五项。

①设计教学活动：内容、结构和方法、范围与顺序。

②教学工具和材料：诸如课本材料、工具清单、资源单位等。

③合适的学校机构教学环境的设计：诸如实验室、实地工作、工厂等。

④人员的部署和角色的界定：诸如视课程的改革为社会的改革等。

⑤课程表：时间表和资源的供应。

诠释及实施课程方案，是指预测课程改革时，可能遭遇的种种问题。因为新课程程式的引进，可能导致接纳的问题，设计人员需应付不确定的情况，面对混乱、抗拒或漠不关心等困难。例如，在一个机构环境中，新旧之间可能有的冲突、抵制和混淆等。在一个设计的模式当中，这些冲突、抵制和混淆，要通过经验的反省和研究的分析，而加以预估和确认。这一

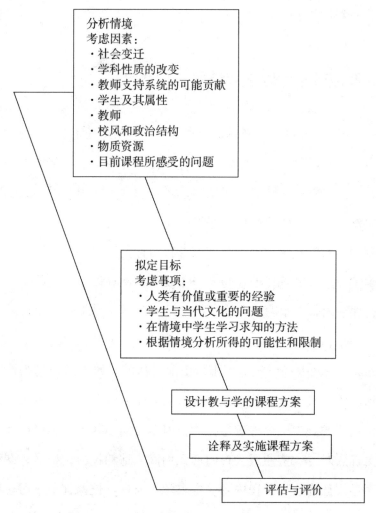

图3-3　斯基尔贝克的课程设计情境分析模式

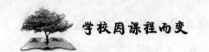

步骤也指对于所需的资源以及组织机构的改变，都要善加规划。

（2）模式缺点

然而，文化分析模式的缺点为，一方面，未能充分考虑知识概念在课程中的重要性，未能明确地指出如果知识、社会与学生个人兴趣等课程要素冲突时如何取舍，因此，未能为共同课程的规划设计提供详尽的蓝图。另一方面，文化分析模式的共同课程，多反映中产阶级文化，较不利于社会经济背景较差的中下阶层学生，而且此模式的文化选择太重视社会需求，而忽略学生个人兴趣。

◉ 五、萃取精华如何选择课程

课程选择（curriculum selection）是从社会文化、学科知识、基本能力、核心能力、核心素养与学生学习经验等课程内容当中萃取精华，并根据课程选择的标准、效标，同时参考课程选择的原理、原则，以达成预期课程目标与课程理念的一种精致化的课程设计。

课程内容与学生学习经验是实践课程目标的重要手段，因此，课程内容与学生学习经验的选择便显得十分重要。在课程设计的过程中，如何理性地进行课程内容与学习经验的选择，是一个重要的课程设计问题。

本杰明（Harold Benjamin）在《剑齿虎课程》（*The Saber-tooth Curriculum*）一书中很形象地指出，史前时代的原始部落通过类似学校课程的生活经验，教导下一代"徒手在溪涧当中抓鱼""以粗树枝击杀小猛犸""以火吓唬剑齿虎"等谋生技能。但是，当小猛犸与剑齿虎在当代社会都不见踪影时，这些便成为过时而无用武之地的技能，那么，课程设计人员是否还要选择这种课程内容，要求学生通过学校课程，学习这些落伍过时而无法谋生的技能？或是坚持通过这些技能培养学生的勇气与智慧？

这实在值得课程设计人员深思。

英国的教育学者斯宾塞在《什么知识最有价值？》（*What Knowledge is of Most Worth？* ）一书中，从社会文化的实用观点强调科学知识的重要性，并指出个体生存、谋生、养育子女、社会政治关系与社会文化活动等对个人与社会的重要性。由此可见课程选择的确是课程设计过程当中，不可忽略的重要一环。

换言之，学校主要的任务在于善用自己独特的资源与设备，提供基本学科复杂、重要及纯化的学习经验，鼓励与提升学生个人获得更为深层的理解。学校课程可以提供学习机会，让学生学习需要特别注意的基本原则、理念及意义，以及观察现象所不容易掌握的基本要素。学校更可以通过课程选择提供纯化的学习经验及最佳的学习经验，以提升生活品质。

（一）课程选择的标准

课程如定义为学习计划，则课程选择的规划设计，应该包括社会文化的学科知识、基本能力、核心素养与学习经验的选择。课程选择，是将课程规划发展的来源转换成实际有效的课程内容设计。课程内容包括两部分：第一部分是来自社会文化的学科知识，其涵盖不同范围的学科、主题、概念、事实；第二部分是指学习经验或学习如何进行学习内容的心理操作过程。特别是学习经验，可引导学生与学习环境产生交互作用，以达成教育目标。

课程选择所关心的主要问题，包括：在学校的学习生活情境下，课程设计人员要提供给学生哪些学习经验，使学生能达成所预定的课程目标？究竟学生应该学什么范围的学习经验特质？课程应该提供什么程度的个别差异？课程选择的设计要采用何种程度的最低标准，决定何种课程素材的形式，如团体活动、阅读、讨论问题与主题等？学习方法应当标准化到什么程度？课程设计人员应该如何提供训练，是经由指定特别挑选的训练材

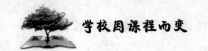

料，还是经由相关需要的个人练习？

课程设计，常有一些课程选择上的缺失：一方面，缺乏适当的课程选择标准或标准不明；另一方面，学科知识剧增，学习领域学科不断增多，可学的比能学的还多，造成学校课程无法有效地选择内容，造成学习内容太累赘。

由于学校课程内容太多样，如同自助餐提供五花八门的菜色，成了不易消化的大杂烩，而非有助于学生成长的学习内容，因此，应该重新评估学校教育目标的范围，以建立标准，选择适当的课程内容以充实学生的学习经验。课程内容应有其优先性，否则会有易流于琐碎或平庸的倾向。课程的选择必须合乎课程目标、学校哲学与学习理论，才能据以选择适切的学习经验。学者主张应该根据标准进行课程选择，其标准包括内容的有效性与重要性、可学习性、合乎学生的兴趣与需求、广度与深度的平衡、能达成范围宽广的课程目标后文对应内容。

1. 内容的有效性与重要性

就课程选择的内容有效性与重要性而言，课程内容应该反映现代科学的知识，代表知识最基本的理念概念与思考方式，并且反映探究的精神与方法。

何种知识是基本而重要的？人类的所有知识都来自人类的经验。知识是动态的、不断成长的人类活动的产物，而非静态的。知识是了解并处理生活世界问题的方法，课程中知识的整体目的，是去协助学生成为更健全的个人。知识在经验的解释中衍生，知识是努力去了解经验的结果。

知识不是零碎资料的大量累积，也不是孤立事实的搜集，每一种学科（subject）的知识，都有其事实、概念与原则结构以解释现象的意义。知识领域的结构组织程度是其是否成熟的主要指标。学科的目的，是在利用新的发现建立知识结构，以加强或修正现有的基本概念及通则，并增强心智系统的统整性。另一方面，知识是生活的实用工具，学习者应该把知识视为可在行动中加以应用、可以通过努力加以理解、可以享受与控制情感的工具，了解知识的这三种功用，可以帮助学习者了解不同知识领域之间的差异性、相似性及其间的关系。

因此，课程选择应该提供各学科知识的基本观念，因为基本概念、原理原则、思维模式不同于肤浅的表面信息知识，强调知识概念的加深而不是一味地重视加广。换言之，以学科当中的概念为例，说明特定内容，而非以概念涵盖所有学习内容。课程选择也应该反映最新研究的学科知识。例如，课程内容应当反映当代的科学正确的知识与新的研究发现，而不是即将过时的落伍信息或过时知识。

课程选择也应该重视求知过程，并反映学科内容的结构，或学科之间的统整关系。

课程内容的选择应该遵守追求探究精神与探究方法，而且原理原则重于事实。学习经验要能有助于学生获取相关信息，例如，选择值得学生记忆的重要信息，把信息当作解决问题的整个过程的一部分。进行课程选择时，必须以各种方式和相当强度的语意呈现重要而值得记忆的信息。一方面，设计相关的学习经验，以经常应用重要的信息项目，并将之用于不同情境当中以增加观念联想；另一方面，对同样的信息，以更多的方式加以组织并有效运用资料的重组。换言之，学习经验要能发展学生的思考技巧，如归纳能力、演绎能力、逻辑思考能力、解决问题能力。

因此，数学解题应知推理原因与过程，而非一味追求死记与熟练演算技巧；历史应重因果的理解，而非记忆人物、日期年代；人类学则应重视人的整体解释。但是，事实上，不易将上述课程选择标准，发展为课堂层面的课程发展实务。例如，教师常常以教条灌输方式探究教材；学校实验室的教学也是严格的操作技巧规定的学习，而非实验探究的科学教育。因

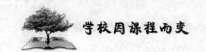

此，教师或学生通常不知科学认知的发展顺序为何。

因此，为了协助学生了解学科知识之间的关系，课程内容有效性与重要性的标准，应该特别注意四项：

第一项是知识应该与学生的好奇心及求知的问题产生关系；第二项是学生应该利用自我发现学习的过程以获得知识；第三项是知识内容应该处理真实的问题，处理学生现有的或正在经验过程当中的问题；第四项是将校内所学的知识运用于今日或未来的校外生活情境，强调知识的实用性与工具性价值。

2. 可学习性

学习内容应该是可以学习的课程内容与学习经验。可学习性是指学习经验应该以学生的现有经验为起点，以学生的生活经验为基础，学习经验的焦点也适用于学习者的能力，亦即课程内容具有可调适性，可以因应学生经验加以调整调适。学习经验是学生超越其现有能力，以迈向其更高能力发展的基础。因此，在进行课程选择的步骤时，特别是在规划具体学习经验时，必须考虑学生的能力，以发展学生能力去发现一般观念及概念，才能促成有效学习。

课程要能因应学生能力的调适，主要是经由修正学习内容的涵盖范围，或者调整学习速度，因此，课程选择必须能区分学生能力的高低、学习内容品质的不同与学习者学习速率的快慢。为了使课程更具有学习价值，必须将社会文化遗产转换为帮助学生建立属于自己的经验。特别是在学生的背景不同时，更需提供多样的渠道桥梁，以帮助学生了解不同背景的学习经验。为了达成各种不同目标，选择学习经验必须考虑两个条件：第一个条件是不同领域的课程目标的不同行为，必须通过不同的学习经验的选择与应用；第二个条件是必须提供适当的学习机会让学生的学习经验获得练习。

经验的适当性，可以从两方面加以应用。首先在单元或主题开始时，可以选择具体实例，帮助学生发现并理解一般观念，以便掌握学生经验的潜能与课程关联。另外，课程设计也要选择适宜的生活经验，帮助学生将所学应用在其他熟悉的情境中，以促进学习迁移。但是，应用学生生活经验与课程关联的课程选择标准，不只是一架联结学生旧经验与新经验的桥梁，也是一种确保学习经验可以迁移到新情境现象的保证，因此，生活经验不只是一架桥梁，也是选择课程内容与学习经验的中心。

人们对有关经验课程或生活适应课程方案进行批评，主要是因为其利用经验途径提供给学生可直接适合其应用到当下的生活问题，却往往与学科基本知识相违背或矛盾，忽略了学术性知识的严谨思考。

3. 合乎学生的兴趣与需求

学生个人的兴趣往往决定学生所注意的事物，并常决定其行为方向，兴趣也是决定学习的主导力量。因此，学习经验要能有助于学生兴趣的发展，其学习经验的基本条件：第一，使学生从发展兴趣的该领域中获得探索的满足感；第二，使学生的学习经验与其他令人满意的经验联结在一起，以产生情境类化迁移。

课程选择必须考虑到学生的生理本质对食物、活动、休息的需求。而且课程选择设计也要注意到学生与其他人、机构组织的社会关系，如归属感、安全、地位等社会需求。更进一步地，课程选择必须注意到生活经验的特质情境，以协助个别学生的成长，以及发现自我、自我导向、成败的平衡以及人格的和谐与统整。

因此，发展兴趣的学习经验有其基本条件。首先，应满足基本需求，帮助学生从兴趣的经验领域中，获得探究机会与满足基本的社会赞赏、生理与安全等需求。其次，应安排联结其他令人满意的经验，以产生情绪类化迁移；可利用学生对活动的需求，支持学生从各种不同活动的广泛探究

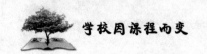

中获得满足；并采取新的途径，或利用完全不同的资料，把学习经验置于学生感兴趣的全新情境中，使学生感到厌烦无聊的活动变得有趣。课程设计人员必须采取一种新的课程选择途径，这可能包括全然不同的资料，或把学习经验安置在一种让学生感到愉快的全新的学习情境当中。

教育需求是指介于个体现状与可欲目标之间的差距。课程必须满足学生需求，学生需求意指不同类型的需求与不同程度的需求。将学生目前可感觉的兴趣作为学习的渠道，让其充当导入学习的工具媒介，鼓励学生参与。兴趣可以让学习动机更强烈，让学习更努力认真。但是，如果仅仅把学习者的兴趣作为课程选择设计的唯一标准，则会造成过犹不及的课程选择偏差现象，是一种软式的教育。因此，学校必须决定学校课程究竟应满足学生的何种需求，应该满足到何种程度。这都是值得课程设计人员深思熟虑的问题。

学生的兴趣与需求的课程选择标准，并不一定与其他标准冲突，也不一定是生活现场的立即需要。在课程选择的设计过程当中，学生兴趣与学科组织一定会产生冲突吗？事实上，社会学科或语文学科，可以将兴趣作为选择组织单元的核心，或是整个课程方案的组织中心。因此，迎合学生需求、兴趣与重要学科内容，两者可互相调适而合乎教育需求，不一定造成冲突，可以兼顾重要学习内容，但是其精熟程度可以界定为不同层次。

4. 广度与深度的平衡

课程选择的第四个标准是广度与深度的平衡。关于广度与深度有两种不同观点。第一种观点认为，"广度"与"深度"两者是相互冲突的概念，广度是指学科内容知识为特定事实的水平集合，而深度则是对事实或核心概念间重要关系结构的深层探究。第二种观点则认为，广度是深度的范围拓展，因此，为了获得深层理解，学生必须充分而广泛地仔细探究某一观念，以完全掌握其意义，并与其他观念关联，应用到新的问题与新的情境之中。

例如，"冲突"的概念不宜在低年级出现，而应该选择在中年级或高年级出现，而且应该先介绍"和谐"概念而后说明"冲突"的现象。深度可以有效地引导知识的应用，引导新领域成为必要的关注焦点。深度是指完全清楚地理解某特定的原理原则、观念、概念，并加以应用、深层理解、仔细探究。课程设计如能注意到课程选择教材的深度问题，将具有省时省力的功效。

因此，课程设计应该选取相当范围广度与深度之平衡的观念，以具备进行研究所需的最大的可应用能力及最大的迁移能力。特别是利用足够时间，针对每一概念进行深入探讨，则将可获得深度与广度的合理平衡。如此的深层理解，将能有助于学生进行深层思考，以探究该学科的学科知识结构。

5.能达成范围宽广的课程目标

课程选择必须合乎课程目标，在课程与教学的规划、设计、发展等过程当中，课程目标与学习经验两者之间应该是一种复杂的动态关系。课程目标是指导学习经验的选择与组织的标准；课程不仅是达成目标的方法与内容，也是选择设计评价方法与工具的参考。而且同一个目标可由不同的学习经验来完成，一个经验也可达到许多不同的目标。由此看来，学习经验的计划，不是将特定经验分配在某目标之下的机械过程，而是一项富有创意的过程。

特别是由于当代教育方法和工具的进步，可达成课程目标的种类及范围的可能性愈来愈多，例如，通过没有标准答案的开放讨论，可以提供机会以巩固事实、观念、情感、技巧等多重课程目标。事实上，学习与思考一体两面，两者密不可分。

例如，语文科涵盖了阅读、写作、说话及听力等生活中的重要语文能力，其课程目标是激发学生的阅读与写作的能力与兴趣，协助其选择阅读材料，发展并增进其利用语文的技能与习惯。数学的课程目标是帮助学生对生活中的多个层面进行思考与理解数学用语，理解数学的基本概念，并善用数学逻辑思考模式。自然科学课程目标在于帮助学生了解自然现象、控制与研究问题的方法、理解自然现象的基本概念及相关因素与通则，并引发学生了解自然界的好奇心与兴趣，协助学生获得继续探究科学的有用技能与习惯。社会科学或社会研究主要是处理人类在政治、经济与社会机构中的表现行为的一种系统探究与知识，其课程目标在于发展学生的社会理想、价值、习惯与行动。健康教育课程目标在于了解身体机能运作的环境与方法，了解健康生活环境的重要性，提供令人满意的身体活动，发展日常运动的兴趣与习惯。美术教育的课程目标不仅包括发展创作者的技能与消费者的兴趣，还包括发展表达观念与情感，发现美感价值，探究重要而复杂的经验，以便欣赏不同的文化与多元的社会价值。

（二）课程选择的原则

就课程内容的选择而言，通常包含下面一些重要的原则，这些课程内容选择的原则可以帮助大家在进行课程内容的选择时，有理论和相关实验的指导。

1. 练习原则

练习原则是指为达成课程目标，学生必须获得学习经验，以便有机会去练习该课程目标的具体学习行为。换言之，练习原则是指学生必须有机会练习目标行为的经验。学校应该提供给学生学习机会，让学生经由较长的时间组织，练习复杂而困难的事物。唯有提供给学生练习某一行为的机会，该行为的学习才可能产生。

此课程选择的原则采自行为心理学派，将学习视为刺激反应的过程，课程设计则在加强刺激反应的联结，其基本假定认为学习是行为改变的过程，是针对特定刺激产生特定反应的过程。复杂行为的学习，可由简单行为的学习累积而获得。因此，"熟能生巧"这个谚语，是指经过教师的指引，学生必须针对所呈现的口头或书面资料加以重复练习，甚至为了记忆这些材料必须来回反复数十次。以写字技巧而言，教师示范生字与新词的写法，而学生就有必要重复练习许多遍。

桑代克的刺激—反应学习论与巴甫洛夫的制约学习论，有助于课程设计人员与教师安排学生针对明显的刺激做出自动且固定的反应，这是一种必要且重要的学习类型。但是，当自动且固定的反应不适当的时候，这种学习就失效了。这种制约反应的不适当起因于现代人类环境持续变化的事实，而且人类行为形态必须配合这些变化。

2. 效果原则

效果原则是指所提供的学习经验，必须使学生因实践该课程目标的学习行为，而获得满足感与成就感。换言之，效果原则是指学生要能从目标行为的学习经验中获得满足感，而且如果学生没有发展出新的行为模式，就无法满足其需求。因此，"发展新行为"就可以成为学习经验来源的一个选择原则。

桑代克以"熟能生巧"的练习原则解释其早期的研究，后来他的研究又加上了效果原则，他强调正确练习对学习结果具有增强作用。桑代克把学习视同刺激与反应的心理联结。

巴甫洛夫的研究把学习视同制约反应，更强化了这种学习观，使其成为许多课程设计人员设计学习经验的指引。这意味着课程设计人员所设计的学习内容与教学单元，强调学习是从教师刺激学生反应的活动中所学到的行为。这些活动应该是从教育目标所蕴含的行为中设计出来的；课程设计人员与教师要能确定学生可以从学习中获得满足，即能从学习活动中获得成长。换言之，需求的满足，或者说满足学生需求的行为形态，也是学

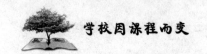

习经验来源的选择原则。例如，兴趣的培养主要是通过安排学习机会，使某种兴趣得以获得满足或满意。

3. 能力原则

能力原则是指学习经验所涉及的反应要合乎学生的能力范围。而且以学生此时此地的兴趣、需要、能力，或意图、学术性向与发展为根据，提供学习环境，协助学生从事各种学习活动，促使其潜能获得发展。换言之，课程选择必自学生起点行为出发，因此，学习经验应该与学生现有的成就、学术性向以及其他条件相当，其学习条件是学习者把目标定在超越自我表现的行为上，而且是个可以达成的目标。

课程设计人员在规划理想的课程目标之时，必须反省学生是否有能力实现这种理想，记录各种可能的学习经验，并详尽地描绘出具体内容。例如，所选择的学习经验是否确实能为学生提供一种学习机会，以便实践目标规范的行为与内容。而且，对提示的学习经验，一方面，可以使用效果原则作为效标来检验是否满足特定学生的需求；另一方面，可以依能力原则来检视提示的学习经验是否学生能力所及的，是否与学生的意愿与学习态度相冲突。

4. 弹性原则

有许多特殊的学习经验可以弹性地用来达成同样的教育目标，而不限于一套学习经验。因此，学习经验的选择包括选择活动与其他教材，如阅读、练习、远足、讨论主题、手工艺活动、健康与休闲娱乐节目等。

换言之，弹性原则是指许多特定的经验可以达到同一目标。特别是学校课程应该帮助所有学生学习，尽管同一班级的外在条件相同，但班上每一位学生可能有不同的学习经验，因此，教师的主要责任是安排多面向的各种情境，以引导学生可欲的学习经验；教师应调整学习经验，使其对班上每一位学生皆有重要意义。不同而多样的学习经验方法可以达成同一课程目标，这就是所谓的课程选择的变通多元性。例如，为达成培养态度的课程目标，首先，必须布置环境以激发可欲的学习态度；其次，提供学习经验引发某种特定类型的情感；最后，应该提供学习机会，引起某类事件或观念的心智活动，以培养可欲的情操。

5.经济原则

经济原则是指同一学习经验通常可以产生不同的结果。换言之，同一种学习经验通常会产生数种结果，有好有坏，因此课程设计人员在进行课程选择时，必须考虑到可能的附学习（Concomitant Learning）或潜在课程的影响，使同一种学习经验可以达成范围宽广的多个课程目标，以合乎经济性。

进行课程选择必须有一个认识，亦即必须通过学习经验的选择设计与学习内容的选择等，才能协助学生获得认知、情意与技能等多种课程目标。学习内容的本质及选择能决定课程目标，也可以检视学习经验在操作上的经济价值，决定能否让学生同时达成多种目标。因此，课程设计者可将这些学习经验与具体的学习特征相互核对，而这些具体的学习特征，则是达成各种不同目标所需的学习经验之普遍性特征。

6.动机原则

动机原则是指学生主动参与学习的推进驱力，是课程选择的设计过程当中相当重要的原则。学习者不满意于目前的反应方式，因此被激发尝试新方法。此原则又称为学习的激励原则。学生对计划或作业感到有兴趣时，会比较努力，而且效果也比较好。这个原则等于向以往传统的教育观念挑战。以前的课程内容与学习经验的选择原则，不但不是有趣，而且正好相反，是无趣。这种观念认为学生必须接受无聊乏味题材的严格训练，如果题材本身有趣，就会缺乏挑战性，学生也不需要付出任何的努力。

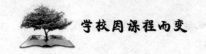

7. 适当原则

适当原则是指选择学习经验，应该考虑到学习经验的材料的适切性、方法的适切性、时间的适切性与情境的适切性等。具体言之，学习者应该有充分且适当的工作材料，利用适于不同情境的方式，让学生有机会练习寻找资料，学习从何处获得资料，以便有效应用。而且学习者应该有时间加以练习，直到该行为成为日常生活中的一部分为止。

8. 应用原则

应用原则是指学习者应该有许多连续性的练习机会，但是一再练习是不适当的，也会很快失效。在很少使用的情形下，技巧很快就会失去效能。如果年轻人所需要的阅读仅由学校来指定，阅读技巧是很难达到成熟水准的。如果写作局限于偶发的笔记与信件，则写作技巧将停留在非常简陋原始的阶段。如果数学无法应用于校外的工作及购物消费、家具组合、收支预算等家庭活动中，则数学技能与问题解决策略都是不切实际的。因此，课程选择必须同时包含起初的学习与后来的应用。

9. 指导原则

指导原则是指学习者尝试学习新行为时，应该受到某种指导。有关引导学生学习经验，至少有五种相关的方法。第一种方法是教师示范。在引导学习者练习可欲行为方面，学生通常会观察教师的行为，并视其为指导模式。如果教师经常示范学生期望获得的行为，这将是一种有用的引导。但是有些教师并没有提供所欲学习的观察模式，只在课堂上提供资料，却没有让学生知道如何解决问题。当学生无法经由观察教师行为获得该做什么的清晰影像时，通常他们会依赖同学的提示或说明以便了解，然而，这种方式却经常造成误解。

一般而言，教师清晰明确的课程与教学示范，是引导学生学习可欲行为的一种好方法。

10. 继续原则

继续原则是指教师不在时，学生要能继续学习。学生必须具备判断自己行为优劣的方法，如果缺乏这些判断方法，则教师所定的标准是无效用的。特别是由于科技发展与知识暴增，终身学习的理念得到强调，学习成为一个持续不断提升的过程，其重点不在于获得特定的标准答案，而是持续不断地研究问题。

在实际运用时，上述十个原则当中的每一个原则都要发展得更为周密完整。课程选择首先应该以目标仔细地对照这些暂时的学习经验初步计划，检验其是否合乎内容的有效性与重要性、可学习性、合乎学生的兴趣与需要、广度与深度的平衡、能达成范围宽广的课程目标五个标准条件。

其次，课程内容与学习经验通过课程目标与课程选择的一般标准之后，再进一步与不同目标类型的具体特征通则相核对，检验其是否合乎练习原则、效果原则、能力原则、弹性原则、经济原则、动机原则、适当原则、应用原则、指导原则、继续原则等一般性的原则。经过审慎考虑之后再决定三个可能的下一步骤。第一个可能步骤是发展计划。如果暂时性的课程内容与学习经验合乎上述原则，就是一项值得继续发展的课程计划。第二个可能步骤是修改计划。如果课程内容不是完全合乎上述原则，那么这个初步计划可能要加以修改，使课程内容及学习经验更为有效。第三个可能步骤是重新规划设计。如果这些课程内容与学习经验和上述原则完全不符，就必须放弃这个初稿，重新发展有效的课程内容，不仅协助学生获得重要的新知识，且更能协助学生逐渐发展有效的思考方法、可欲的态度和兴趣，以及适当的习惯及技能，亦即不仅协助学生认识知识的内容，更要协助学生获得求知的方法，并形成良好的学习态度与习惯。

第四章　学校特色课程开发与实践

特色学校的生命力在于有高质量的特色课程，推进特色学校建设的根本途径是特色课程。一方面，办学特色的发展需要特色课程的支撑；另一方面，特色课程的开发又进一步提升了学校办学和发展的核心竞争力，极大地催生了学校的成长力。因此开发特色课程是学生个性化发展的需求，是教师专业化成长的诉求，是学校课程发展的追求，是学校文化与内涵式发展的要求。

特色课程是以学生的"特需"为核心，有着独特的课程理念、目标、内容实施与评价方式的课程。

随着信息的全球化、文化的多元性、人才的创新性要求，中国教育也在探索本土化和个性化的特色之路。教育变革的中心任务是学校变革，而建设特色学校是学校变革的时代选择。特色学校建设是一项复杂的系统工程，其中特色课程建设是最核心的要素之一。

开发特色课程的价值是在遵循国家新课程面向全国统一规范的要求上，为弥补学校在多元化需求和办学的灵活性等方面的不足，给予学校足够的课程开发和课程设置的自主权，从而能够满足学生个性发展的需要，能够体现学校办学的独立性和学校办学特色，让学校拥有完整意义上的校本课程设计、实施和评价的自主权。

特色学校的生命力在于有高质量的特色课程，特色课程支撑着办学特色，特色学校的生命力在于有高质量的特色课程，推进特色学校建设的根本途径是特色课程。一方面，办学特色的发展需要特色课程的支撑；另一方面，特色课程的开发又进一步提升了学校办学和发展的核心竞争力，极大地催生了学校的成长力。因此开发特色课程是学生个性化发展的需求，是教师专业化成长的诉求，是学校课程发展的追求，是学校文化与内涵式发展的要求。

一、特色课程是什么

所谓"特色"，简单而言是指与众不同，不是平平常常，而是有自己的特点。在《现代汉语词典》中解释为"事物所表现的独特的色彩、风格等"，也就是说某事物呈现出与众不同又特别优异之处可称为具有特色。

事物的特色，体现着事物本身的内在价值，表现为人无我有、人有我优、人优我精，也可以表现为人多我少、人有我无。和有一样，无也是事物的一种属性。这种"无"主要是指消极因素的"无"，与积极因素的"有"密切对应，其本质都在于阐述事物本身独特的优秀品性、品质。

（一）特色课程的六种气场

特色课程是指一所学校开设的不同于其他同类学校的具有独特性的课程。其实施策略手段、实施方式和方法、实施结果的评价等具有不同于其他同类学校的"优异性"，因而具有课程"特色"。其基本特征集中且鲜明地表现为"人有我优"。

1. 个性引领——独特的课程框架

所谓个性，是与共性相对立的特殊性，其本质在于自主性和独特性。

特色课程的要义之一在于个性引领，即有着独特的课程框架，包括独特的课程理念、独特的课程目标、独特的课程内容、独特的课程实施方式以及独特的课程评价。

独特的课程理念与一般意义上的课程理念并不是完全对立的，而是具有普遍指导意义的课程理念与学校具体实际的完美结合，或者说是课程科学的价值取向与学校办学实际的充分融合。具有普遍指导意义的课程理念主要是指当前课程观指导下对课程的本质、课程的价值、课程的要素与结构、课程中人的地位等基本问题的认识，反映了当前社会对课程的特定要求，是任何学校、任何地区都应该遵循的理念。同时，不同学校之间、不同地区之间又具有明显的差异，所拥有的课程资源也不尽相同。因此，要在科学价值取向的指导下，结合学校实际的课程资源，提出符合学校实际情况的课程理念，即独特的课程理念。独特的课程理念来源于学校独特的办学理念，来源于学校领导者对自身课程建设实践的科学总结、对传统的大胆改革及全体师生的集体智慧。

独特的课程内容是特色课程实现的载体，来源于学校所拥有的优势地域资源。开发优势资源，并以课程化的形式展现，是特色课程建设的关键。优势资源为特色课程开发提供了可能，而课程内容的选择与组织则要遵循互补性、兴趣性和针对性的原则。

课程设计得再完美，如果没有有效的实施，仍然只是空想。在设计课程内容之后还需要有将课程计划付诸实践的过程，即独特的课程实施方式，以缩小课程现实与课程理想之间的差距。课程评价是对课程内容及实施是否达到预期目标的价值判断，也是对课程及实施的监控。可见，独特的课程实施方式和课程评价都与独特的课程内容密切相关。

2. 逻辑起点——地方性知识

"地方性知识"是与"普适性知识"相对应的一个学术概念，是当代美国人类学家克利福特·吉尔兹首创的一个概念。是指某一区域的人民或民族在自己长期的生活和发展过程中自主生产、享用和传递的知识体系，包括以文字形式保存的地方文明和以非文字形式保持的地方民俗、习惯、信仰和思维方式。

从学校实际出发，或者说从学校所在区域的地方性知识出发是特色课程建设的逻辑起点。地方性，从本义上看，是指地域，可理解为地方所固有的和地方所特有的。所谓固有的，即为传统的，它原本存在于本土的历史和传统之中，是从本土文化之根中生长出来的；所谓特有的，即为本土的，是土生土长的，它具有鲜明的区域性，显示出与其他地方的显著差异性。

以地方性知识为逻辑起点，需要找到地方性知识与特色课程之间的契合点。地方性知识命题进入教育领域，可以为特色课程的开发提供独特的视角，从而推动原有课程内容和结构的重新分析和改造，并以适当的方式将地方性知识纳入课程体系。地方性可以作为特色课程的特质与边界，地方性知识可以看作特色课程的一种内在规定性。

而特色课程则是地方性知识的载体，以地方性知识为核心，致力文化整合，其内容不仅包括地方文化，还包括地方性问题；其旨趣在于从学校所在区域的文化特点、资源特色及发展需要出发，集中、突出地反映地方性知识，培养具有本土意识、知识、态度、信念和生活能力的新型人才。

3.过程特征——长期的探索

课程建设本身是一个不断实践和发展的过程，特色课程的创建，从发现资源和挖掘"特色"，到将"特色"纳入课程体系，也是一个长期探索的过程。作为过程，则要经历从小到大、从量变到质变、从局部到整体、从幼稚到成熟的连续的不断进步的历程；在这个过程中必然面临诸多的矛盾与困境，需要一双善于捕捉"特色"的眼睛，一颗将"特色"发展为课程的头脑，同时还需要针对环境、对象的变化及时做出调整的智慧。

因此，特色课程的建设必然是学校领导和全体师生长期有计划、有步骤、坚持不懈地努力的结果。特色课程是课程改革实践探索的结果，也是理论与实践相互结合、普遍与特色相互融合的过程，历经着"理论—实践—理论—实践"的循环往复的过程。作为一种"理性的凝聚、文化的传承、经验的积淀、品质的结晶"，特色课程的过程性体现在形成之前与形成之初。

在特色课程形成之前，表现为"传承、积淀、改造、特化、创新"的过程，是对学校办学传统、已有课程建设经验的传承，是对特色课程创设的经验、成果、不足的积淀，是结合新课程理念对传统课程的改造，是融入优势资源对课程的特化，是以"特色"为核心对已有课程框架的创新。

在特色课程建设之初，有可能并不是学校最好或者最优的课程，还需要在发展其特质的基础上，结合课程理念的变更、课程资源的扩展以及实施过程中师生的反馈做进一步的调整与完善，实施小步子实验，再逐步推广，使其成为学校的个性化精品课程，并发挥其辐射作用，凸显学校的课程建设水平，保持持久的课程价值与生命力。

4. 理性支持研究的视角

特色课程的创建不是教师一时兴起或者随意应付就能成功的，而是一项严肃且系统的复杂工程，需要保持一定的理性。特色课程的理性表现在两方面。一是在特色课程开发过程中，课程开发者要有冷静的态度，对自身课程开发能力有足够的自信心；运用概念、判断、推理等思维形式，准确识别、评估学校所在区域的优势资源；同时对课程受益者有全面的认识，对课程资源有详细的分析；以此形成符合特定目标的课程，并且能从多方面预知特色课程实施的可能结果。二是特色课程开发后，课程本身有着内在的逻辑结构和规则，所建构的课程框架符合课程发展的规律。理性与研

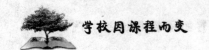

究密不可分，研究中体现着理性，同时又借助于理性。特色课程开发的整个过程也是研究的过程。

研究借助于理性在实践中对真理进行验证。特色课程成形之后，需要验证其是否科学、实效，实证研究的检验、测量数据的分析必不可少，如此才能在全校进行大范围推广实施。特色课程的研究过程，也不是一蹴而就的，通常是以一个研究项目为抓手，再将特色课程研究的成功渗透于整个课程体系，最终成就学校的课程品牌特色。

5. 产生成效——优秀的实施成果

特色课程之"特色"，除了体现在"独特"的内涵上之外，还表现在"优质"的内涵上，因此，除了要构建独特的课程框架体系，还要关注所开发的特色课程是否具有优秀的品质，这点可以通过实施的成效来衡量，即是否收获优秀的成果，是否产生了一定的影响，是否得到利益相关者的认可。

特色课程的成效有多种形式：就课程本身而言，是否开发出了一系列的特色课程，并有着内在的逻辑结构，形成了学校的特色品牌；就课程的载体而言，是否设计出了相应的校本教材，以利于课程的实施；就学生而言，是否促进了学生知识技能的增长、素质的全面提升；就教师而言，是否促进了教师的专业成长和内在发展；就学校而言，是否成就了学校的办学特色，实现预期的办学目标；就家长而言，是否满足了家长的需求，得到家长的支持与认可；就社区而言，是否在一定范围内造成影响，得到社区的认可并提供更丰富的资源。

特色课程实施成效的获得要经过两个层面的"物化"。所谓"物化"，是指人的思想观念通过实践转化为具有物质形式的现实存在。现实生活中"物化"现象也很普遍。两个层面的"物化"：一是优势课程资源的"物化"，即全校师生以课程意识在实践中将优势资源转化为具体的特色课程，并在学科中或者活动中展现出来；二是特色课程的"物化"，即学校通过长期的实践和师生的努力，将特色课程的理念和目标转化为学生素质上的某种特征，这种特征将会影响学生一生，并在学生今后的社会生活中辐射于他人。这一层面的"物化"也可以说是课程理想的现实化。

6. 形成经验——得以推广

特色课程的开发与实施以学校传统的课程建设经验为基础，以他者课程建设经验为借鉴，其形成过程也是经验的创造与创新过程，为特色课程的建设提供了丰富的经验，也指引着其他学校特色课程建设之路。

（二）特色课程的认证指标

特色课程认证指标的设计，是对"特色课程"这一特定内涵进行分析、综合、归纳、判断，寻找其本质特征的主要表现和制约因素，研究其结构和运作规律的过程。认证指标的设计要遵循系统性和可行性的原则，既要保证指标的全面性，又要使指标具有可操作性；同时要在课程的各方面都体现出独特性和优质性，既要保证指标突出鲜明的个性，又具有时代的特征。

当前，特色课程的研究与建设不断开展，特色课程认证指标的设计可以为学校特色课程的创建提供指导，也可以对已有的课程建设进行诊断。结合对特色课程内涵的解析，以及已有的课程评估标准，可以将特色课程的认证指标概括为六方面的若干指标，具体见表4-1。

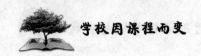
表 4-1　特色课程的认证指标

一级指标	二级指标	三级指标	分值	效果评价			
				优	良	一般	加油
特色课程理念	课程价值取向	内适：教育客观规律 外适：社会发展需求 个适：学生个性发展 三者融合形成综合质量观	10				
	学校实际困境	学校课程问题					
特色课程目标	目标内容规定	内部一致性：与培养目标、课程理念保持一致	12				
		外部相关性：以学校客观条件为基础					
	目标呈现形式	目标表述准确性					
特色课程设置	课程内容	与课程目标一致性	30				
		综合性、前瞻性					
		突出校本资源优势					
	课程结构	各类课程的合理比例					
		各类课程课时的合理安排					
特色课程实施	特色项目	特色教育科研项目	15				
	教学队伍	科研团队：学术能力强					
		教学团队：教学水平、教学特色突出					
	教学方法与手段	适应性：与学生特点、教学内容相适应					
		多样性：课程形式、教学环节多样					
特色课程条件	课程开发条件	学校地域优势资源的开发度	8				
		学校传统的继承、发展、创新					
		创新					
	课程实施条件	课程研究领导团队：方案的开发与计划的执行					
		课程管理机构：职责明确					
		完善的课程管理制度与政策					

续表

一级指标	二级指标	三级指标	分值	效果评价			
				优	良	一般	加油
特色课程成果	学生素质提高	浓厚的学习兴趣	25				
		扎实的基础知识					
		能力提升					
		思想认识提高					
		特长的培养					
	教师专业长成	精神面貌：教师态度、情感等综合素质提高					
		业务能力提升：科研能力、课程开发能力					
		教研成果：著作、论文、校本教材					
	课程建设经验的积累	影响力：知名度、美誉度					
		认可度：满意度					
		推广度：经验借鉴的范围					

二、特色课程资源的组织与获取

特色课程资源无处不在。学生兴趣、特长、生活与思考蕴含课程资源，教师经历、才艺和爱好创生课程资源，学科教学延展课程资源，社区文化包含课程资源。

不管怎样对课程资源进行划分，只要与特色课程建设有关联的课程资源都可以称为特色课程资源，都需要我们关注它，需要我们开发它，需要我们建设它，使其成为学生身心成长的"养分"。

（一）发现身边的特色课程资源

1. 学生：蕴含的特色课程资源

学生既是教育对象，又是特色课程建设的生力军，更是特色课程的主体：一方面，学生在教师的引导和帮助下，以自己生活的经历、经验与感悟表达对课程的诉求；另一方面，学生在特色课程中选择属于自己的体验

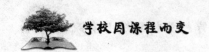
与研究、对话与交流等生活方式。

（1）学生的生活即课程

"学生只有在生活中才能学会生活！"多么富有诗意的话语啊！特色课程建设足以佐证此话的含意，多数特色课程源于学生的日常生活，来自学生对生活的盎然兴趣，同时，特色课程最终还要服务学生那些有个性的生活、有创意的生活、快乐幸福的生活。为此，课程是学生的一日生活，学生的生活即课程。

例如，芳星园中学开发了生存技能必修课，由学校四位教师分别担任烹饪、服装设计、野外生存、急救的课程教师。这四门课程是初一年级学生的必修劳动教育课，学生在学习后要居家进行实地练习达到熟练操作的程度。课程开发的初衷就是依托生存必需的衣食住行来设计，设计者给学生们一个情境预设：假如有一天你被遗落在无人的野外，你怎样就地取材取暖，怎样搭建简易避难所，受伤时如何自救，如何取材制作衣服等？这些课程与生活和生存相关，学生在快乐的学习中增长技能。

源于天真烂漫、多姿多彩的学生生活永远给课程开发以灵感，课程不是设计者预设的发展路径，学生也不是完全地通过对成人生活方式的复制来成长的，他们是在与课程的接触中，时刻用自己独有的眼光去理解和体验课程，并创造出鲜活的经验，这些鲜活的经验更是课程的一部分，从此意义上讲，学生才是课程的创造者和开发者。

（2）学生的兴趣即课程

学生兴趣是最直接且最具特色的课程资源，因为学生的兴趣常常是外显的，学生对学习的兴趣、对生活的兴趣、对他人的兴趣，能够体现在他们的日常生活中，而特色课程建设的核心指向恰恰是激发学生对某个领域的兴趣爱好，指向学生已有的生活经验和个性化生活追求。

发展学生的兴趣是开发特色课程的价值追求，学生是否有兴趣、感兴趣是决定他们能否走入课程的关键，开发与培育特色课程必须关注学生的兴趣，课程内容必须有利于激发学生的兴趣，多年之后学生还能够念念不忘该课程，这才是开发课程所追求的最高境界。

（3）学生的建议即课程

学生与生俱来具有创造才能，中小学生尤为突出，学生乐于在探究性学习、提出问题与建议等实践过程中发挥自己独特的想象力和创造力，提出令教师想象不到的想法和主张。学生的建议弥足珍贵，学生的每个建议都是我们特色课程开发的灵感之源。

例如，芳星园中学在指导学生学习"博物馆"课程中，引导学生对身边大大小小的博物馆进行探究，学生在查阅资料的前提下，设计北京市内的一些特色参观路线，并以小组的形式合作，实地考察游玩每条路线所用时间、游览内容等，之后教师将学生探究成果作为课程资源，设计课程任务单。

2. 教师：创生的特色课程资源

每位教师都是独特的，每位教师都是"富有"的，因为每位教师都有自己的专业特长和兴趣取向，都有自己的成长经历和社会阅历，教师自身就是最重要的特色课程资源。同时，教师还是素材性课程资源和条件性课程资源的"复合体"，在开发特色课程的过程中，教师是不可或缺的，教师首先要发现自己、认识自己，从自己的"存储硬盘"中调出有价值的人生履历，发掘自己的才艺潜能，构建与开发特色课程。

（1）教师的独特经历

比如，北京市某中学教师自己从小就养成集邮的爱好，多年来已收集了许多邮票。当她自己走上教师之路，并赶上北京市课程教材改革，学校开始倡导教师自主开发校本课程，此教师觉得自己多年的兴趣能够发挥教育作用，她认为小小邮票，不过方寸之地，却能再现人类社会的政治、经

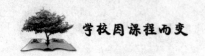

济、文化和民族的风土人情，记录着社会的重大变革和历史事件，由此"走进方寸世界"课程诞生了，并逐步走入学生的学习生活，成为学生喜欢的特色课程。

（2）教师的才艺素养

生活中，每位教师的才艺素养异彩纷呈，其才艺表现的程度差异较大，教师才艺不仅能够给学生带来不一样的体验与感受，也能给教师自己带来生活享受，使自己陶醉于优美的旋律、优雅的艺术、优秀的创作之中。教师将自己的琴棋书画、体育健身等才艺技能应用于课程开发领域，给予学生个性化课程教育的同时，也能不断发展自己的业余爱好、美化生活和丰富人生。

（3）教师的跨界爱好

地球上的可利用资源有限，可再生资源亦有限。高速发展的时代，人们感受最大的是生物生存环境的退化，人类面临着大气污染、水污染和土壤污染带来的诸多困扰，为此，"低碳生活，从我做起"成为宣传语，"让生活更美好"成为当今世界人们的美好夙愿。

在这样的社会背景下，有些学校的教师开始探索开发"低碳生活"课程。这些由地理、物理、化学和数学教师组成的研究小组，对一些需要计算、需要专业知识的内容，先自己学习，精益求精，避免知识性问题出现。最终设计的课程内容综合性很强，突破了学科界限，也摘除了专业标签。

综合性、实践性也是特色课程的基本特征，我们教师在开发课程过程之中需要做些努力和探索，文科背景的教师要读一些自然科学方面的书籍，理科教师也要增加人文素养，读一读文学、历史和哲学经典名著，用另一只眼睛看待特色课程的孕育与发展。教师既要有跨界爱好，更要开展跨界合作，其目的就是让特色课程内涵更加丰富，让特色课程的实施方式更加多元。

3. 学科：延展的特色课程资源

在教育教学实践中教师最熟悉、最擅长的是基础型课程教学，大多数教师最初开发课程，都会思考如何利用基础型学科知识，因此，被大家认可的特色课程缘起于学科知识，后经过多年的课程建设的实践探索过程，逐步实现学科资源向特色课程的蜕变。

4. 社区：蕴含的特色课程资源

我们可以把社区看成一所学校、一个街区、一座城市，不论社区是大是小，均包含许许多多优质的特色资源，既有显性的课程资源，也有隐性的课程资源，等待我们去发现、去利用。

特色课程资源开发对教师的具体要求有三方面。

第一，教师要主动接受新课程的思想。新课程改革也已经过多年实践，作为教师，也曾参与过多种形式、多样内容的课程培训，以学生发展为本的新课程理念耳熟能详。但是，要想将新课程理念落实到课程之中，仍然需要教师自觉地、有意识地、主动地转变观念，确立新型的课程观。只有转变课程观念，才能树立适应学生发展的课程资源意识，才能让我们身边的课程资源发挥其教育作用。

第二，教师要养成反思课程实践的能力。学习型理论"第五项修炼"指导我们要系统思考事物，如果将其应用在课程开发过程之中，其作用也是显而易见的。如果一名教师具有自觉反思意识，经常以自我为研究对象，带有批判性地分析自己的课程实践过程，必然能较为客观、全面地思考课程开发与课程改进等内容，这是强化课程资源意识的基础。

第三，教师要坚持收集课程资源信息。特色课程不是在一朝一夕之间就能形成，实现课程资源与特色课程之间的"蜕变"是一个艰苦而漫长的过程。在信息化时代的今天，虽然网络信息十分便捷，信息广泛，但那些不一定就是特色课程所需要的信息。特色课程建设需要的资源信息应该具

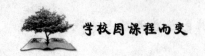

有一定的指向性，应该符合课程的价值取向，积累资源信息应该成为教师的一种自觉行为。

（二）运用一定的技术开发特色课程

特色课程建设过程大致可以分成酝酿—开发—试验—实施—评价—修改—再试验—完善。课程开发是课程建设的初始阶段，课程目标还停留在架构层面，我们对课程开发的认识具有一定的局限性，为此，特色课程开发阶段让我们更加关注狭义的课程资源，寻找可以直接用于架构与设计的课程素材。

特色课程开发可以通过一定的技术手段完成，教师或相关人员直接运用技术进行课程开发的实践与尝试，充分利用来自学生、教师、学科和社区的特色课程资源加工成特色课程，将课程意识转化为课程行为。

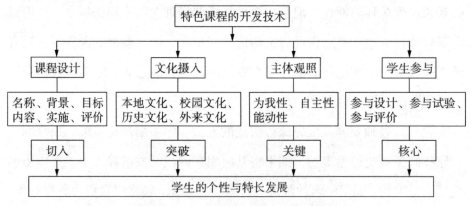

图 4-1　特色课程开发技术流程

（三）课程设计：特色课程开发的切入

特色课程开发过程起始于课程设计。它相当于基础型课程标准，教师在编写课程讲义之前，首先要自主制定课程标准，不论是对名称的选择制定，还是对目标、内容、实施规划和学习评价等课程要素，都要进行授课前的设计与规划，提出符合学生客观实际的课程，尽可能地避免课程开发的盲目性与片面性，这对于发挥特色课程的育人功能尤为重要。

1.课程设计的技术路线

根据上述技术图开发特色课程，我们可以把它看作特色课程的"育苗"过程，能够解决课程从"无"到"有"。

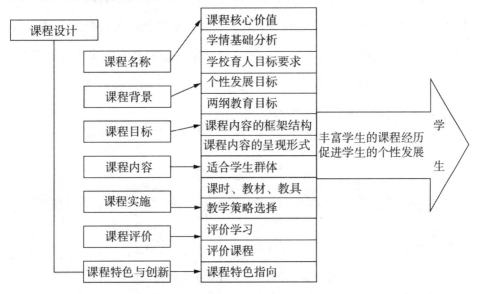

图4-2 特色课程设计的技术路径图

（2）具体内容的设计要求

表4-2 特色课程开发具体设计内容表

设计要求	内容报集	设计要求	呈现形式
课程开发背景	①学情分析 ②育人价值 ③环境条件	①有对学生调查研究的结果 ②有对课程实际价值论述 ③有对环境条件现状的说明	①图标 ②图片 ③文字
课程背景	①知识技能 ②过程方法 ③情感态度	①将三维目标隐含其中 ②体现课程综合性目标 ③体现课程的育人目标	文字
课程内容	①内容选取 ②内容框架 ③内容呈现	①说明特色课程资源来源 ②写出课程三级框架结构 ③设计其在教材中的呈现形式	①文字 ②表格 ③图示
课程实施	①育人价值 ②适合对象 ③课时计划 ④学具准备 ⑤教学策略	①有特色目标的落实计划 ②说明课程适合哪些学生 ③计划具体课时数量 ④教学场地安排和教具选择 ⑤有突显课程特色的策略方法	①文字 ②表格
课程评价	①学生评价 ②课程评价	①有学生学习过程的目标评价内容 ②有课程实施效果的具体评价内容	①文字 ②表格

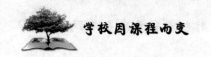

（四）文化摄入：特色课程开发的突破

特色课程不仅能够带给学生某种特殊经历，同时能让学生感受其背后的文化，每一门特色课程都是自然与社会文化的承载者和传播者，将文化摄入课程内容，赋予课程思想和灵魂，是使一般课程成为特色课程的必要条件。例如，北京的首都博物馆、国家博物馆等是重要的地域性课程资源，博物馆内含多种课程资源，教师以内容为具象，突出文物所表达和传递的各种文化，带领学生认识与感知。

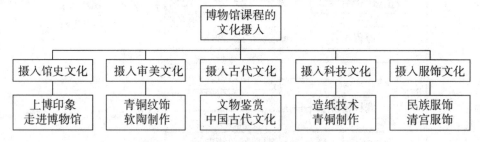

图4-3　博物馆系列课程的文化摄入

（五）主体观照：特色课程开发的关键

教师在开发特色课程过程中的地位与作用是毋庸置疑的，事实证明，特色课程是教师或团队对自然、社会、生活和教育的评价性反映，是教师的主体性最鲜明、最生动、最集中、最具体的体现。特色课程开发要从主体观照角度实现特色课程从"有"到"特"的"二次蜕变"。

1. 观照"为我性"

特色课程开发的起始阶段多数开发者是以"我"（"我"或是教师个人，或是教师团队）为中心，以"我"为标准，以"我"为目标，选择什么资源、开发哪类课程总是以"我"的需要为取舍标准，以"我"的主体性和个性化追求确定课程名称，寻求"我"的人生价值的实现与延伸。教师的内在需求是其参与特色课程开发的内在驱动力，特色课程需要教师听从自己内心的召唤，不断从自己内心深处获得实践能量。

2. 观照"自主性"

我们可以把"自主性"理解为行为主体按自己意愿行事的动机、能力或特性。质疑、独立思考、创新是构成自主性的三要素。教师在最初参与课程开发时都有一种困惑与不安，那是因为他们不断地质疑：自己能不能担当此任务？自己选择的方向和主题在不在自己能力范围之内？学校之中看得见与看不见的环境因素是否允许课程开发？学生是否愿意接受一门新兴的课程？教师开发特色课程从质疑开始，质疑之声伴随整个课程的开发过程，随着课程能力的变化，教师质疑的内容会不断更替。

观照自我质疑过程，是教师独立思考的前提条件。开发特色课程需要教师把思考与实践整合起来，在课程实践中创生智慧、孕育特色。

3. 观照"能动性"

主观能动性就是人类特有的认识世界、改造世界的能力与活动，也叫自觉能动性。特色课程开发过程中，教师的自觉程度决定着教师主体性实践的水平，影响着由教师主导的特色课程的特色发展与成熟程度。任何一门课程都要经历发生、发展与成熟的过程，特色课程尤其如此，它要求教师作为开发课程的主体，在课程建设实践过程中，不断学习课程理论，不断提高认识课程的能力，不断改变与充实课程内容及实施方法策略。

（六）学生参与：特色课程开发的核心

1. 决策性参与

请学生参与决策是一种聪明的选择。第一，让学生参与课程名称制定。特色课程开发离不开教师的主体观照，更离不开课程建设的理性回归。学生的意见至关重要，因为学生喜不喜欢决定着课程的生命力。我们可以让学生参与选题过程，由学生根据基本课程内容决定课程名称。其方法、

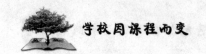

途径有很多，如可以通过问卷、访谈等形式对学生进行课程咨询，了解学生喜欢哪些课程、预设课程能被多少学生喜欢等一系列问题，根据咨询信息调整课程定位。

第二，让学生参与更换课程名称。特色课程是实践性课程，是生成性课程，一般情况下要经过三至四轮的课程试验过程，实践与试验能够充分反映学生对课程主题的认同情况。如果学生建议更改主题，调整课程选项，那么，我们应该听从学生心声，赋予学生课程的更改权和决策权。

2. 建构性参与

特色课程设计从课程名称、背景目标、内容、实施和评价方面进行设计与规划，将课程设计转换为学生直接使用的教材和学习活动，还需要进一步开发，这个过程将通过师生合作、互动、对话等实践活动来完成。

第一，让学生参与课程内容的构建过程。特色课程的每一项具体课程内容由模块、章节、主题等方式呈现，一旦学生选择了该课程，就必然对课程内容进行有形与无形的建构。例如，"朗诵"课程，学生直接提出每个主题下的课程内容；"京剧"课程，学生参与京剧片段选取等。

第二，让学生参与课程评价内容的设计。课程评价包括对学习者的评价和对课程的评价，不论对谁评价，学生在其中的作用都不可或缺。一方面，可以吸收不同类型的学生参与学习评价设计，让评价内容、方式适应学生；另一方面，请学生及家长参与评价特色课程。

3. 共享性参与

第一，让学生人人都能分享学习成果。根据"特色课程资源共享网络化"的课程建设过程，一门门特色课程的文本资料与视频资源陆陆续续地呈现于特制的共享平台之上，学生终于可以跨越时空地接受、选择、分享各具特色的课程。只要学生乐于参与，就能在众多特色课程之中找到自己喜欢的课程。

第二，让学生在实践中奉献聪明才智。让学生在共享中参与课程建设，可让学生记录自己的观课感悟、发帖论坛、表达观点等，奉献自己的聪明才智。

◉三、特色课程的实施与评价

特色课程实施有其独特的价值追求，"益智增趣""体验超越""实践创生"是特色课程的实施"航标"。

（一）特色课程实施的价值取向

课程实施的价值取向一定程度上代表着教师或者教师群体的认识观和教育观，为此，只有明晰特色课程的价值取向，方能在特色课程实施过程中找到合适的教学方法与策略，获得更多启迪。

1."益智增趣"取向

有专家指出，"天才的秘密在于强烈的兴趣与爱好"。兴趣是积极探索某种事物和爱好某种活动的心理倾向。人一旦对某一事物或活动产生了兴趣，就会以积极的情绪态度和强烈的心理渴望去认识事物或参与该活动。兴趣是一种带有情感色彩的认识倾向，它以认识和探索某种事物需要为基础，是推动一个人去认识事物、探求事物的一种重要动机，是一个人学习和生活中最活跃的因素。它包括直观兴趣、自觉兴趣和潜在兴趣。"兴趣是最好的老师"，它是特色课程追求的育人价值之一。

2."体验超越"取向

特色课程是体验课程的具体呈现。而体验是建立在经验基础之上，对人、自然、社会的意义建构和价值生成，体验的结果是超越。特色课程正是学生实现体验与超越的载体，特色课程的育人价值需要在课程实施环节

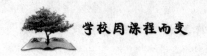

得到渗透与落实，因此，"体验超越"应该成为特色课程实施的价值取向。

3. "实践创生"取向

我们从体验课程理论中获得启迪，对特色课程的独特性、创新性等特征有了新的认识与理解，认为特色课程的实施过程应该秉承"实践创生"价值取向，因为特色课程更加注重实践之中的创生过程，把特色课程的实施过程看成教师与学生合作创造经验的过程，其本质上是在一个特色的、具体的、灵动的课程情境中创生（enact）新的生活经验的过程。

美国教育学家菲尼克斯说："创造性的生活就是把每一刻都体验为一种新的创造，并且认识到这一时刻尽管与过去是连续的，然而却是一种有区别的新生。这种新生将会进一步达到创新性的实现。"这句话不论对于教师还是对于学生，其实践意义都深远而伟大。让课程被学生所喜欢、所喜爱，让特色课程的实施过程彰显其实践价值，需要教师坚守教育信念，落实特色课程实施的价值取向。

（二）特色课程实施的策略

特色课程实施就是通过一定的方法、途径、策略，把那些有特点、有个性、有魅力、有教育价值的课程传递给学生，将特色课程所追求的价值传播给学生。特色课程实施有别于一般性课程教学，可以说，这些特色课程的实施策略、教学方式方法在遵循课程教学基本规律的前提下，紧紧围绕特色课程目标展开，其教学策略突显特色课程的个性化一面，在形式上略显特别。

1. 文化沙龙策略

"沙龙"指人们谈论艺术、谈论生活的交谈与聊天活动。

例如，学校金帆书画院开设的"中国画鉴赏"课，主要是对中国古画进行鉴赏，在课程实施的初期，并没有选择此教学方式，而是按照传统的教学方式，仍然使用 PPT 教学，几节课之后，师生共同发现，使用 PPT 教学略显僵化，有些画蛇添足之感。师生经过协商，开始尝试课堂教学类似沙龙的活动，经过一段时间的课堂教学实践，教师和学生都感到沙龙方式很好，师生的想法有机会流露，师生的思想得到碰撞，学生很喜欢。

2. 探究教学策略

要运用探究教学策略实施特色课程，首先，必须搞清楚什么是探究。在《牛津英语辞典》中"探究"是指"求索知识或信息，特别是求真的活动；是搜寻、研究、调查、检验的活动；是提问和质疑的活动"。我国 1989 年版的《辞海》将探究界定为"深入探讨、反复研究"。

探究教学策略是指在特色课程实施过程中，师生进行探究性学习和探究式教学的过程，教师遵循以学生为主体，引导学生自主、合作、探究的教学原则，为学生创设较为宽松、民主的探究学习环境，充分发挥学生实践探索的积极性和创造性。

3. 双师互构策略

教师一旦走进特色课程实施行列，情况就会发生一些变化，其主要原因是特色课程很个性化、知识技能的综合性较强，为此，一些学校、教师开始探索双师互构教学，两名教师分工合作，建立新型的课堂教学机制。

在课程实施过程中选择怎样的教学策略，怎样细化这些教学策略，把它转化成为一步步可以实践操作的教学行为、教学过程和具体方法？这还需要教师进一步发挥聪明才智，这个过程充满变化，其自主权在教师手里。教师可以分享和应用他人的做法，但最好在教学过程之中要关注特色教学策略背后的思想内涵。

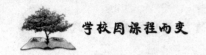

（三）特色课程实施的评价

1. 多元选择评价

个性解放型课程评价重点强调多元价值取向，对学生评定不再采取标准化范式，而是充分赋权学生，提供多种课程评价方式让学生从中选择，如自评、互评，接受教师、家长评判等；从评价内容方面也要有多种选择，对同一问题的评定过程学生可以择用不同的解决方案。换言之就是让学生可以选择学习途径、方法和评价方式，让学生在课程实施中多元表达自己独特的个性。

2. 师生协商评价

协商是发表个人见解，提出具体想法和诉求，力争得到他人同意和认可，参与协商和各方均能获得课程评价的话语权，在特色课程实施过程中打破多年来教师评定学生的"习惯"，学生在课程评价中能有自己的想法，能说出自己的想法，能用一些适当的理由说服教师，特色课程需要这样的评价。

3. 主体参与评价

"益智增趣""体验超越"都是特色课程实施所追求的主要价值，学生有了兴趣，就会有进一步体验的欲望，体验是学生自主参与课程学习与评价的过程，探究学习与合作学习则是学生体验的载体，学生的兴趣在体验中得到强化，智慧在体验中得到发展，学生在体验与创造中进一步认同自己的实践能力与创新才华。

4. 人文激励评价

拓宽学生视野、丰富学生经历是特色课程的育人功能之一，让特色课程走近学生，是课程实施初期所追求的实施成果。这个过程能否激起学生参与课程学习的热情，一定不是通过简单考试就能实现的。学生需要得到来自教师和同学的富有人性化的鼓励与期待，它是点燃学生热情的"催化剂"，特色课程评价需要体现对人的终极关怀的评价思想。

四、谁有资格开发特色课程

特色课程从微观的角度上说，是指独立的、有特点的、具体的校本课程。它具有一般校本课程开发的共同特点，但又不能等同于一般校本课程的开发。其个性化、典型性、创新性等特点，使特色课程在科目规划、开发策略、实践过程、育人价值等诸多方面具有更高的要求和标准。可以说，从狭义角度理解特色课程，校本课程可以成为特色课程资源，但不是所有的校本课程都能成为特色课程，它必须经得起课程实施的检验，必须能丰富学生的学习经历，促进师生共同发展。教师在特色课程的孕育、发展与成熟过程中发挥着很大作用，参与特色课程建设的教师有着与众不同的特质。

（一）特色教师的特质

要理解特色课程与特色教师的关系，首先，要了解特色教师的含义。"特色教师"是一个经常见诸报端的名词。那么，何谓特色教师？笼统地讲，就是个性化的教师，是认识和优化了自己个性的教师。具体来说，可以认为特色教师是在教育思想、教学技能、教学风格、教育科研、学生管理等方面，有一项或者几项形成了自己的特点且取得明显成效的教师。

提倡教师成为特色教师，对于提升教师本身专业素养、提高教学质量、形成学校特色都大有益处。那么特色教师应具有哪些不同于普通教师的特质呢？我们认为应包括以下四方面。

1. 充满爱心的"本质"

苏霍姆林斯基曾言："教育者的崇高的道德品质是教育获得成功的最

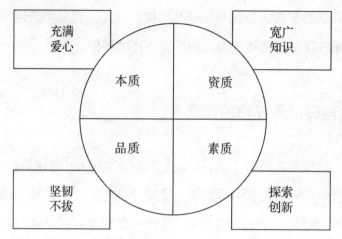

图4-4　能开发特色课程的教师的特征

重要的前提。"教师的人格魅力是由其理想信念、学识水平、知识能力、个性情趣、品德修养等综合素质熔铸而成的，是吸引学生的主要源泉。作为特色教师，不但要传授学生知识体系，还要懂得育人。正人者必先正己。要学生形成正确的世界观、人生观和价值观，教师必须首先做到为人师表。教师要以积极向上的处世态度、豁达乐观的胸怀、崇高的敬业精神、坚强的意志品格、健康的心理素质去感染学生，教化学生。

特色教师应该是充满爱心的，懂得真切关爱、尊重每一位学生。有专家曾说："教育没有情感，没有爱，如同池塘没有水一样。没有水，就不能称其为池塘；没有情感，没有爱，也就没有教育。"

2. 宽广知识的"资质"

教师要想成为特色教师，提高自身的专业素养水平，拓宽知识面是基础，是必要的"资质"。一位教育家曾说过："学生可以原谅教师的严厉、刻板甚至吹毛求疵，但是不能原谅他们的不学无术，如果教师不能完善地掌握自己的专业，就不能成为一位好教师。"特色教师应是一个自信、自强、不断挑战自我的教师，是一位善于学习、不断充实自我的教师。特色教师必须从传统的教书匠思想中解放出来，成为反思型、创新型教师，通过对课堂教学进行积极的探索和深刻反思，不断地确认自我、提升自我、完善自我，并最终形成自己的特色。

3.坚韧不拔的"品质"

特色教师应具有热爱教育、献身教育、勇于实践、坚韧不拔的品质。实践是教育教学的"土壤"。我们常说"理论联系实际"，对教师而言，这个实际就是指实践。教师的工作具有很强的实践性，通常是通过自己的行动来体现自己所教的知识，让教育理念在实际操作过程中得以落实。教师要想提高自己的教学实践能力，必须全身心地投入教学实践活动的过程，满腔热情和充满激情地关爱学生的学习、发展与进步，才能深深地领悟教学活动的本质内涵。

4.探索创新的"素质"

一位特色教师与一般教师的区别主要在于他具有高超的教学艺术和独特的教学风格。教学风格是课堂教学的灵魂所在，是教师专业发展进程中不可或缺的专业品质，是增强课堂吸引力与凝聚力的重要因素。要形成教师自己独特的教学风格，教师既要通过不断学习、实践、反思、创新的轮回，博采众长，为我所用；又要能根据自己的个人特点大胆探索与创新，彰显自己的教学个性，凸显创意，促进教师自己独特的教学艺术风格的形成。

（二）全体教师都能参与的特色课程开发

既然教师均可以开发特色课程，那么教师又是如何参与特色课程开发的？在课程开发的过程中，教师需要关注哪些内容？教师开发特色课程主要有几种方式？这些方式具体又是如何实现的？我们先从教师的课程意识谈起。

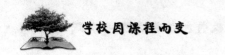

1. 如何唤醒教师的课程意识

教师的课程意识是课程开发的源泉，也是课程建设不断向前发展的持久动力。长期以来，教师的教学只要按部就班地执行就可以了，教师在课程体系中处于被动位置，其角色定位是课程的接受者和实施者。但是，新一轮的课程改革赋予学校和教师更大的课程决策权，教师课程地位的改变重新唤醒了教师的课程意识。

何谓课程意识？关于课程意识的基本构成，专家也给出了不同的见解，常见的有主体意识、生成意识、反思意识、资源意识和价值意识。

教师课程意识的诸要素是紧密联系、相互支撑、相互作用、相互渗透的整体。其中，课程的主体意识是其他意识的基础和起点，处于核心位置，它标志着教师课程意识的觉醒；课程的生成意识体现了课程在实践中的动态过程；课程的反思意识是主体在实践的基础上提高课程决策力的方法；课程的资源意识是在主体意识参与课程开发所产生的课程实践的内容性意识；课程的价值意识体现了课程的价值取向，为其他意识指明了课程的发展方向。

2. 教师开发特色课程的主要方式

光有课程意识是不够的，教师必须身体力行，参与到特色课程的开发中去。

教师参与课程开发是指教师作为课程主体之一，参与课程的研制、决策、实施和评价的整个课程活动。它至少包含两层意思：其一，教师是课程开发的主体之一，他们应当走进课程，与其他课程主体（国家教育行政部门、课程专家、学生等）共同进行课程开发；其二，教师应该介入课程活动的全过程，他们不仅是课程的实施者，而且是课程的创造者、开发者。

特色课程的开发则对教师提出了更高的要求。首先，教师必须具有较强的课程意识，成为课程的真正领导者；其次，教师要学会挖掘和积累课程资源，这是课程开发的基础材料；最后，教师要掌握课程开发的基本方式，这是特色课程建设的途径。

通过实践的研究发现特色课程的开发主要有四种方式：教师个体的课程开发、学科教研组的课程开发、跨学科综合性的课程开发、联合社会资源的课程开发。

（1）教师个体的课程开发

实践课程哲学观中，关于教师有三个隐喻，分别为教师即学习者，教师即研究者，教师即课程计划者。

特色课程既然贴上了"特色"的标签，那么它的开发必然更具有浓厚的教师个人的特征。教师本身的独特经历、生活经验、才艺素养、个人爱好等都成为课程开发的重要资源，成为融入课程设计的重要因素。因此，以个体为单位的课程开发是教师开发特色课程最习惯，也最常见的方式。

（2）学科教研组的课程开发

学科教研组的课程开发在特色课程开发的案例中，并不常见。原因主要有两个。

①"特色"往往是基于教师个人的生活、教育经验，很难在同一教研组或者学科小组内得到共识，触发共鸣；②学科教研组的课程开发相对较难开展，受到环境和条件的制约较多。

但是，并不意味着以学科教研组为单位的课程开发无法实施。事实上，在某些情境下，它比教师的独干更具有优势。通常，学科教研组的课程开发适用于以下情境：①课程开发难度较大，教师个体不能或者很难承担起完全自主开发的任务；②课程从教师本身的特色转化为学校的特色，需要借助学科教研组的力量对此充分挖掘，使其从课程设计到实施方案再到评价策略得到全面的升华；③特色课程的区域化实施，促使部分同学科教师

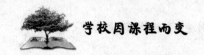

以科研的形式，共同参与，集体开发。

以学科教研组为单位的课程开发优势在于集体智慧，学科教研组成员通过合作与交流，共同理解开发者的意图，同时结合学科特色、学生特点等实际情况，对既存课程材料进行调整或者从既存课程材料中做出选择和探究活动。相对而言，通过集体的课程资料补充、课程内容的改编等形式，特色课程的质量能得到大幅度的提高，同时也有利于特色课程的共享、共建。

（3）跨学科综合性的课程开发

跨学科综合性的课程开发是根据学科间的不同联系，以育人目标为依据，在教学实践中寻找学科的关联点，进行课程的统整和开发。教师在开发的过程中，需要理解不同学科的特点、教学内容、育人方式等相关信息，在满足学生需求的前提下，互相渗透、互相融合，让学生可以从不同的角度感受课程要传授的生活经验和学习知识，提高学生对学习问题的认识以及解决问题的能力。跨学科的课程设计与实施是困难的，通常教师要考虑以下几个问题：选择的主题是否合适？是否适合多学科的参与？多学科的内容如何渗透与关联？教师在开发过程中的角色如何分配以及如何协调关系？开发的课程内容如何呈现？……教师将遇到很大的挑战，需要综合多种因素后，在利与弊之间寻找平衡。当然，课程是否成功的检验标准只有一个：满足学生发展的需求。

（4）联合社会资源的课程开发

社会资源是课程资源的重要组成部分，也是教师在开发课程的过程中，容易忽视的一方面。很多时候，教师只关注到学校内部的教育对于学生的发展具有的价值和意义，而忽视了来自社会和家庭的资源对于学生的发展同样有着积极的作用，从而导致了学校教育与社会教育的二元化结构的产生。